초우재 통신 ❷

지난지난 세기의 표정으로

*일러두기

독자들에게 때로 비문(非文)처럼 그리고 맞춤법이나 띄어쓰기가 바르지 않은 경우가 있을 것이나 이것은 작가의 의도적인 것임을 밝혀둡니다.

초우재 통신 ❷

지난지난 세기의 표정으로

김 창 진 지음

|학|신구학원 신구문화사

책머리에

한 연예인이 '바다는 비에 젖지 않는다'는 헤밍웨이의 어록을 어느 자리에서 인용했다.
나는 내 첫 산문집(1996년)의 첫 글 첫 문장에서 '물이 강을 담았다'라고 물가의 우리 고장 사람들이 홍수 때 강둑에 올라서서 하던 말을 기억했다.
내가 뭘 해서 글을 담을 수 있으랴.
나는 언제나 비에 젖는다.
내 생애가 어릴 때부터 그랬을 것이다.
내 이 책의 글들은 '촌내기의 오랜오랜 떨림'이다.
세상에 나는 떨고 있다.
세상이 내 비에 젖지 않아서인가.

초우재(草雨齋),
멋 내느라 寓居를 自號했다. 거기서 친구들에게 제자들에게 지인들에게 또는 세상에 편지를 썼다.
내가 보낸 첫사랑 편지는 누구였지. 그애는 여태 반응이 없다.
내가 어찌 남의 마음을 담을 수 있으랴.

다들 비에 젖지 않는다.
그래서 지금도 떨고 있다.

畏友 곽광수(불문학) 교수가 내 이 하찮은 글들에서 나를 담아 보려 애썼다. 내가 너무 작은데 큰 그릇을 불러 담으려 했다. 내가 더욱 왜소해 지는 느낌이다.
고마우이. 부끄럼과 함께.

2015년 가을

차례

제4부(2011년 9월~2015년 6월)

제3부

(2005년 10월~2011년 4월)

통신 (52)

가을 문턱

달밤에 할 일이 없으면
메밀꽃을 보러 간다.
섬돌 가 귀뚜라미들이
낡은 고서(古書)들을 꺼내 되읽기 시작할 무렵
달밤에 할 일이 없으면
나는 곧잘 마을 앞 메밀밭의
메밀꽃을 보러 간다.
병든 수숫대의 가슴을 메우는
그 수북한 메밀꽃 물결,
때로는 거기 누워서
울고도 싶은 마음.
아, 때로는 또 그 속에 목을 처박고
허우적거리고 싶은 마음.

(박성룡; 메밀꽃)

S형,
올해의 가을은 이 시 때문인지 모르겠네요.
해마다 여름에서 가을로 넘어오는 철에 꼭 앓는 버릇이 이번에도 틀림없이 찾아온 것이.

참, 박성룡의 이 시 '메밀꽃', 철맞이 인사로 내가 보내드렸지요.

마음이 먼저 아프기 시작했는지, 몸이 그랬는지, 해마다 이 문제는 풀리지 않아요.

숲 속에 취해 있으면
그 취기로 도는
잠머리와, 잠이 오기 전의
마즈막,
그 나눌 수 없는 경계,
문득 잡히는
첫 가을 새벽의
순간, 그 순간일수록
새로워라.

(졸시 '스스로와라 스스로와라'의 셋째 연)

그 무더운 여름에서 어느 아침 한 순간에 잡히는 가을 느낌, 그러면 어김없이 찾아오는 가을앓이, 그러나 그건 해마다 새롭게 다가와선 나를 심하게 괴롭힙니다. 이러고 나야 나는 가을 속에 확실히 앉게 되는 모양입니다.

친구 따라 한 십년 만에 제주도를 갔습니다. 여전히 많은 오름들과 남국의 정취가 異國스러워 우리들은 쉬이 나그네가 되는 기분입니다. 하얀 벽의 호텔이 조용해서 더욱 마음에 들었습니다. 밤에 멀리 海潮音이라도 들려올까 하고 바닷가로 갔다가 돌아오면서 근처의 호텔들을 기웃거려 보았습니다. 거대한 한 호텔은

'분수 쇼'란 게 있다며 법석거렸습니다. 그 옆의 다른 호텔에는 들어서자 음악이 다가왔습니다. 로비보다 조금 낮은 층의 커피숍에서였는데, 그건 생음악이었습니다. 바이올린과 피아노의 연주였습니다. 그리로 내려가려다가 우리는 무엇 때문인지 멈칫하고는 그것을 끼고 내려가는 더 아래의 또 다른 로비쪽을 갔습니다. 우리는 거기서 쉬었어요. 음악이 연주되는 위층은 복층의 구조로 높은 천장 쪽이어서 그 음악들이 그냥 내려오고 있어 우리는 훔치는 기분으로나마 즐길 수 있었습니다. 올드 블랙죠 같은 것, 보리밭 같은 것, 대개는 그런 낯익은 것들이었습니다. 거기선 차도, 가벼운 술도 마실 곳이 아닌데도 때론 그 음악들이 잘못하면 울먹거리게 할 번했습니다. 왠지 모르겠어요. 그래서 그 홀에, 그러니까 그 현장에 자리잡지 않은 것이 참 잘했다고 생각되었어요. 그 분위기에 놓이면 거의 틀림없이 울먹거렸을 테니 말입니다. 아이고 이 나이에 말입니다. 그것도 친구 앞에서요. 우리 年齒가 되면 감정에 너무 흔들리게 될 때는 이를 악물어야 되겠기에 입니다.

서울에 돌아왔더니, 어느 고마운 분이 보내준 좋은 음악회의 티켓이 기다리고 있었습니다. 와그나의 '니벨룽의 반지' 4부작 공연의 앞 뒤 날짜에 같은 오케스트라 같은 지휘자의, 정경화와의 협연 프로그램이었습니다. '그가 지휘하는 것은 매 번 역사가 된다' 할 정도로 세계음악계가 촉각을 곤두세우며 지켜보고 있는 최전성기의 지휘자라고 발레리 게르기예프를 소개하고 있었어요. 내가 간 날의 연주곡들은 브루흐 바이올린협주곡 1번과 차이코프스키 교향곡 5번 등이었는데, 시작되기 전부터 자꾸 순서가 바뀐다는 안내 모니터에서의 알림이 있더니, 먼저 오케스트라의 몇 소곡 연주에 이어 5번의 연주가 있었습니다. 집에서 CD로 들을 때는 그리 나를 사로잡지 못했는데, 역시 유명한 교향악단의 연주, 그 현장음악은 참 취하게 하더군요. 악장마다 되풀이되는 주제곡의 변주에서는 많이 나를 흔들리게 했습니다. 그런데 참 묘한 일이 그만 생겨버렸습니다. 마지막 남은 이날의 하이라이트, 브루흐 1번의, 바이올린협연 차례였는데, 정경화가 바이올린을 들지 않고 무대에 오른 것입니다. 열광하는 박수 끝에 그녀는 오늘 연주할 수 없게 된 사연을 말하면서 양해를 구했습니다. 연습 도중에 검지손가락에 이상이 생겨서라는 것입니다. 그러니까 연주를 해도 완벽할 수 없을지 모른다는 불안을 앞세운 듯했습니다. 청중의 모두가 박수로 '이 시대 최고의 비루투오조로 군림하고 있는' 이 바이올리니스트를 위로했습니다. 나는 이때에 아쉬운 듯하면서도 안도의 숨을 쉰 듯했으니, 내가 생각해도 참 묘한 느낌입니다. 주최자 쪽의 아나운서먼트에서는 오늘 못 들은 연주는 며칠 뒤의 두 번째 날 연주 때에 초대한다는 것입니다.

나는 그 뒤 그 좋은 연주에 참석하지 않았습니다. 그 날에 있을 차이코프스키 교향곡 6번 '비창'이 미리 나를 숨죽이게 했던 것 같네요.

S형,

그날 세종문화회관 로비에서 구입한, 그날의 지휘자가 비엔나 필하모닉과 연주한 차이코프스키의 그 5번의 실황녹음 CD를 요새 자주 듣고 있습니다. 때로는 감동적이나 어떤 때는 이상하게도 별로입니다. 조금씩 멀어가는 내 귀 탓인지, 너무 오래 된 우리 집 오디오 탓인지 모르겠습니다. 아님, 이제는 가을이 문턱을 어느새 넘어섰기에서인지요.

S형은, 여전히 엘가(Elgar)와 델리아스(Dellius) 예찬입니까.

그곳 井邑에서요.

草友齋 主人(2005년 10월 9일)

ᄊᄏᄋ 통신 (53)

으스름한 안개에

1

g야

오늘 인사동네를 걷다가 길섶의 바닥에서 참 이상하게도, 박인환의 시 '세월이 가면'을 만났다. 이상하다는 건 그 길을 자주 거닐었는데도 이 詩碑石을 처음 보게 되어서이기도 하거니와, 어째서 그 시가 여기에 불쑥 내밀고 있는지, 조금 느닷없다는 느낌 때문이었겠다. 요새의 인사동 거리의 雜沓함이 "……/여름날의 호숫가/ 가을의 공원/ 그 벤치 위에/ 나뭇잎은 떨어지고/ 나뭇잎은 흙이 되고/ 나뭇잎에 덮여서/ 우리들 사랑이 사라진다 해도/ 지금 그 사람 이름은 잊었지만/ 그의 눈동자 입술은/ 내 가슴에 있어/ ……" 이 시상을 쉽게 떠올리게 하지 않아서인지 모르겠다. 더욱이나 이런 애잔함이 쉬이 젖어오지 않아서일 것이다.

"바람이 불고/ 비가 올 때도/ 나는 저 유리창 밖/ 가로등 그늘의 밤을 잊지 못하지"

2

선생님, 張瑞彦의 시 '파고다 공원'을 기억하십니까.

내 시집의 표지와도 같은 철책 門
들어서면 첫 페이지에 푸레스레한 順이의 삽화.

화장을 하고나도 새 치마를 갈아입어도
허전한 대낮이라서
나무그늘 빈 자리에 앉았다 가는 順이

順이 앉던 자리에 비가 내린다.
順이 앉던 자리에 눈이 내린다.

좀은 내용이 틀려졌는지는 모르겠습니다만, 철책 門과 順이를 한자로 멋있게 써 주시던 기억은 맞을 것 같습니다.

선생님,

대학을 갓 졸업하신 청년 선생님과 열 네 살 중학생, 모두가 '화장을 하고 새 치마를 갈아입어도 허전한 대낮'을 공감하기엔 좀 그렇지 않습니까. 그런데도

선생님,

저는 열 네 살 그때부터 육십이 된 지금까지 일상의 어느 한 순간에서 순이의 공허감을 온 가슴으로 느끼면 이 시와 선생님 모습이 떠오릅니다.

3

g야,

내가 그때 '회색 후란넬 양복에 검은 넥타이'의 모습이었다고?

'바다 보이는 교정에서 ……'로 시작된 부임인사와 함께 너희들 앞에 선 내가 수업시간에 '신지식의 소설, 오영수의 단편, 그리고 참 아름다운 시를 소개해 주었다'며?

그건 그럴지도 모르겠다. '감이 익을 무렵' '하얀 길' 그리고 '후조(候鳥)'들 …

그러나 어떻게 장서언의 그 시를 말했을까. 대학을 갓 졸업한 내가, 열 네 살의 중학생인 너희들 앞에서, 말이다. 그리고 기가 막히게도 너희들에게 이리 물었다면서?

'지식과 교양'의 차이는?

'노을과 황혼'의 차이는?

선생의 마음에 '쏙 드는 대답을 했다고 칭찬받고 아주 즐거워했다'면서?

g야,

노을과 황혼은 정말 다른 거야?

다르지 않다면, 내 생애의 황혼이 노을처럼 불탈 수 있으려니.

오늘따라 바람이
저렇게 쉴새없이 설레고만 있음은
오늘은 내가
내게 있는 모든 것을 여희고만 있음을
바람도 나와 함께 안다는 말일까.

풀잎에
나뭇가지에
들길에 마을에
가을날 잎들이 말갛게 쓸리듯이

나는 오늘 그렇게 내게 있는 모든 것을
여희고만 있음을
바람도 나와 함께 안다는 말일까.
아 지금 바람이
저렇게 못견디게 설레고만 있음은
오늘은 또 내가
내게 없는 모든 것을 되찾고 있음을
바람도 나와 함께 안다는 말일까.

(박성룡의 '바람부는 날')

지금은, 이 시처럼,
'내게 있는 모든 것을 여희고만 있음'을
아니, '오늘은 내가 내게 없는 모든 것을 되찾고 있음'을
이 '바람부는 날에', 50년 가까이 되는 그 먼 날 이후, 첫 소식이라는 네 편지를 읽었다.

4

g야,

"저건 회화에서 수푸마토 스타일이라고 부르는 거란다. 매우 어려운 거야. 레오나르도 다 빈치는 다른 어느 누구보다도 저 기법에 뛰어났단다."…… "그게 〈모나리자〉가 유명한 이유 중 하나란다."

내가 요새 읽고 있는 한 소설은 이 대목 끝에 '인물을 어스름한 안개로 감싸는 기법. 몽환의 효과를 낸다.'라고 수푸마토 기법에 대한 주석을 달아놓았다.

참, 아까의 박인환의 그 시 '세월이 가면'에서

사랑은 가고
과거는 남는 것

이 시행을 빠뜨렸구나.

그 과거가 네 편지로 해서 수푸마토 스타일로 일색되는 느낌이다.

그래서 요새 며칠은 스물 몇 살의 젊은 나로, 어스름한 안개에 휩싸이고 있단다.

꽃이 피어도 어머나
잎이 떨어져도 어머나
꽃이 지면
눈이 나리면
너는 어쩌나*

잘 있어요,
열 네 살 적의
소녀들이어.

草友齋 主人(2005년 11월)

*내 중학교 시절, 한 친구의 '소녀야' 하면서 쓴 詩.
그는 젊은 날에 세상을 떴다.

통신 (54)

개구리 울음소리

1

오늘 친구네에 가서
좋은 음악 많이 듣고 왔지.
그 친구가 녹음해 준 여러 노래 중 첫 곡
'한 떨기 장미꽃'을 들으면서 벌써
눈물이 핑그르 돌 것 같았지.
스물 한 곡을 내내 다 듣고 어느새 찾아온
내 집 바깥 어둠을 보는데,
참 이상하여라
개구리 울음소리가 앞 숲 자락에서 들리네,
아니겠지, 그럴 리가 있나
여기가 낙동강변 벌판의 논들 가도 아닐 텐데,
그래도 귀기울면
아련히 들려오는
저 울음소리
개구리들의

한여름 밤,
그리워라
요란한 향연이어.

P형,

오늘 낮에 먼 C형 집에 갔다 왔어요.

그 유명한 음향기기 마아크 레빈손이 쏟아내는 파도와 때로는 잔잔한 잔물결 소리들, 아니 물보라의 안개 자욱함까지 보는 듯 듣고 온 느낌입니다.

베토벤의 5번 운명 교향곡의 독일 初演 때였다던가요. 그 음악에 너무 취해서, 열광의 박수 끝에 자리를 뜨면서 모자를 들고는 그것을 씌울 곳이 자기 몸의 어느 부위인지가 떠오르지 않아 한동안 청중들은 어리벙벙거렸다는 얘기, 옛날 LP 디스크 시절의 한 음반 갈피의 해설에서 읽었던 기억이 있습니다.

내가 오늘 좀 그랬던 것 같네요.

느닷없이 개구리 울음소리라니요.

2

P형,

지난 해 가을이었던가요.

C형 집에 우리 몇 친구들이 모여서 음악을 듣던 날, 그날 내가 먼저 자리를 떴지요. 단지 입구의 큰길을 건너서 왼쪽으로 따르다가 만나는 네 거리에서 바른 편으로 꺾어서 몇 걸음만 가면 버스 정류장이 나오고, 거기서 서울행을 타라는 자세한 C형의 설명이 있었으나, 나는 큰길에 나서자 지나는 이에게 전철역으로

가는 교통편을 그만 물어버렸어요. 그러나 가까이의 정류장에서 한참을 기다려도 그 몇 번이라는 버스는 오질 않고, 이 도시에서는 지나는 택시를 불러 세워 이용할 수 없다는, 그래서 영국의 西南端 어느 소도시에서 겪었던, 전화로 자기 위치를 말하고는 택시를 기다려야 했던 그 낯설음이 떠오르고, 이어서 그때 만났던 그 기사의, 까만 옷의 정장 - 대학의 총장이라고 해도 잘 어울릴 知的 분위기 같은 것도 생각나고, 그러자 내가 갑작스레 지금 異邦의 낯선 거리에 서있다는 혼란에 몰리고 있는 느낌에까지 빠지고….

그런데 한 택시가 서주었어요. 전철역으로 향하면서 기사는 뒷자리의 나에게 말을 건넸어요.

writer? 영어로 묻고는, 내 애매한 반응에 이어 놀랍게도 내 직업을 맞추곤, 자기도 몇 달 전까지는 대학강단에 섰는데, 더 free하게 살고 싶어서 이리 드라이버가 됐다면서 집에 가면 대학 다니는 두 딸이 있다는 것, 그리곤 내 전공을 확인해보고는 자기는 practical design 쪽이라는,

나는 이이가 드러내는 심한 '以外'性에 어리벙벙해지기 시작했습니다.

음악에 취하고 난 뒤에 만나는 세상일들과의 관계에서 자꾸만 나는 어리벙벙해진다는 생각을 그때에 했네요.

3

내가 오늘 歸路로 나서서는 연신 치자꽃 한 송이를 코에 문지르다시피 맡으면서, 이게 무슨 꽃이냐고 C형에게 물었던 것도 지금 생각하면 좀 우습네요. 그의 텃밭에서 치자나무를 보았고, 그게 왜 여기서 꽃을 피우고 있는지에 대해서 그의 설명을 들은 지 얼마 안 됐는데 말입니다. P형, 내가 본, 아니 C가 나에게 살짝

이 보여준 그의 텃밭에 대해서 얘기를 좀 해야겠네요. 중국의 옛 관습에서는, 사람을 오래 사귀다가 이 분이면 친구가 될 수 있겠다는 확신이 서야만 그때 처음으로 자기 부인을 소개한다면서요?

텃밭을 보여주는 그에게서 그런 느낌을 내가 괜히 가진 것은 그게 묘하게도 감추어져 있어서일 것입니다. 그 친구 집으로 방문을 하면 거실에서 우리의 눈길을 끌고 갔던 건너편의 산자락을 기억하지요. 그가 거기 철마다 얼마나 심혈을 기울여 그의 바라보는 정원을 완성하고 있는지 우린 알고 있습니다. 오늘은 엉뚱하게도 거기로 나를 데리고 갔어요. 그런데 거실에선 안 보이던 곳에 그의 또 다른 세상이 있었어요. 진달래와 철쭉의 무리들 뒤에요. 박하 잎을 따서 내 입에 밀어 넣으면서 그는 이 은밀한 세계로 나를 초대했고, 나는 박하 내음의 환한 입속으로 부러워했어요. 열무밭도 있고, 몇 그루의 고춧대, 예닐곱의 오잇대는 제법 많은 열매를 매단 채 즐비해 있었는데, 매만진 그의 손질이 너무 자상해서 하나를 따서 맛보게 하겠다는 걸 말렸네요. 그 싱싱할 내음을 순간 나는 그리워했으면서요. 그 밭귀에서 치자나무를 보았고 거기 달린 꽃을 꺾어 나에게 주었습니다. 그래서 귀로에 내내 맡았네요. 지금도 내 머리맡에 있습니다.

그걸 무슨 꽃이냐고 물었으니, 내 이 어벙함.

음악을 듣고 나면, 이리 세상일이 모두 처음으로 다가오고, 어린애 눈에 비치는 만사만물의 그 낯설음.

4

지금은 스코트랜드 민요 애니로리를 듣고 있습니다. 이 음악이 끝나면 틀림없이 개구리 울음소리가, 지난해까지 한 번도 들어보지 못한, 아까의 그 개구리 울음소리들이 幻聽처럼 초우재 앞뒤의 숲에서 몰려올 것입니다.

P형,
오늘밤은 잠들면서 C의,
뒤안길에서 만나는 그의 세계,
그 은밀한 텃밭을 더욱 생각해 볼래요.
내 어병함이 주는 행복함까지도.

草友齋 主人(2006년 6월 27일)

통신 (55)

대사(臺詞)의 방백(傍白)

西惠堂에 내 가을 2題를 띄웁니다.

1

가을이 기어이 오고 말았네요.

올 해 여름은 다들 그 더위를 견뎌내기가 어려워 대단히 지루해 했는데 그래서 가을의 도래, 그 올 듯 말 듯, 아니 한 동안 온 듯 만 듯한 그 애매함에 짜증들이었는데, '기어이'라니요.

젊은 날에는 스스럼없이 좋다고 생각한 가을이 老年이 되니 두려워지기 시작하네요. 놀랍게도 어제 그제 막 보낸 여름날에 대한 아쉬움 같은 걸 거짓말같이 느끼기까지 하니 말입니다. 한 열흘 전인가요. 아침에 눈뜨니 가을이 섬뜩 와 있었어요. 그때 나는 나도 모르게 '아이고'라는 반응이었어요. 반가움보다는 기습을 당한, 그래서 虛를 찔린 느낌처럼요. 다행히 가을은 그날 아침처럼 쉬이 다가오지 않았어요. 또 짜증스런 더위가, 그래서 나는 얼마간의 여유를 얻은 듯했는데, 가을은 이 노년에게 기어이 오고 말았네요.

이게 아닌데, 이게 아닌데

사는 게 이게 아닌데,

며칠 전의 편지에서 서혜당이 숲 속 오솔길을 걸어가면서 외는 詩라면서 보내온 김용택 시인의 '그랬다지요' 첫머리 두 줄입니다.

'그러는 동안 어느새 봄이 와서 꽃은 피어나고/ 이게 아닌데 이게 아닌데,/ 이러는 동안 봄이 가고 꽃이 집니다./ 그러면서/ 그러면서 사람들은 살았다지요. 그랬다지요.' 이 시인의 생각이 저에겐 특히 여름의 끝물에서 느닷없이 맞는 가을 첫 아침에 '이게 아닌데, 이게 아닌데 사는 게 이게 아닌데,' 이리 심하게 찾아오나 봅니다. '그러면서 그러면서' 여태 내내 살아왔고 살날이 얼마 안 남았기 때문에 가을의 도래에 내가 지레 질리는 모양입니다.

네가 울고 간 자리
돌아선 언덕
꽃이 피었다

銀종이 같은 가슴
비비거리다
네 속이라
네 잎이라
묻질고 싶던

그 자리 저 언덕에

네가 피었다.

(졸작 '코스모스 소묘')

서혜당님,

며칠 전까지도 즐겨 입었던 바지저고리의 삼베옷이 무슨 遺物의 전시품처럼 낯설게 저만치 벽에 걸려 있습니다. 한더위 때는 그것마저 눅눅하던 것이 아이고 별스럽게도 까실까실해졌습니다. 가을이 심하면 모시옷은 바스락거리며 삭아 없어질 듯 된다면서요. 하물며 이 노년의 몸, 아니 마음은 말할 것 없겠네요. 젊은 날부터 '은종이 같은 가슴' 비비거렸으니 말입니다.

2

어제 한 할머니가 초우재에 찾아오셨습니다.

연세가 아주 많으신, 한 이삼년만 있으면 白壽에 百歲이시니, 대단한 年老이십니다.

초우재가 옛날 모습으로 산 속에 호젓이 있을 때 저희가 하루 모신 적이 있습니다. 그때가 아흔이었습니다.

오늘 아침 서울 교외의 도시에서 오는 버스를 타고 저희 아랫동네에서 내리신 것입니다. 나중에 들은 이야기로는, 버스 기사가 좌석에서부터 부축해서 하차시켜 주었다는 것입니다. 내가 차를 몰고 가서 그 정류장 근처의 한 가게 앞에서 맞이했습니다. 칠 년여의 세월이 지난 뒤였으니, 나도 단단한 각오를 했지만 상상 이상의 老弱 앞에서는 당황할 수밖에 없었네요.

나를 가장 어리둥절하게 한 것은 눈의 사그러듦이었을 것입니다. 눈빛이라니

眼力이니 眼光의 그 뿌연 消滅 때문이 아닙니다. 목련꽃의 시듦이었습니다. 내 상상은 심해져서 나무 밑에 떨어진 그 꽃잎까지를 떠올렸네요.

그 어른과 저희는 매우 어려운 사이입니다.

내 딸애의 媤祖母, 그러니까 저희에겐 손위 査丈이시니까요.

할머니는 집안의 아무도 모르게 살짝 오신 것입니다.

귀가 너무 멀어 서로 臺詞의 傍白처럼 얘기했습니다.

집에 도착해서 마당에 차를 세우고 현관으로 인도했습니다.

지팡이를 짚었습니다.

현관 문 앞에서 주저앉다시피 몸을 낮추는 것입니다.

나는 어지러움으로 바로 앞의 나무 등걸에 걸터앉으시려는가 했는데,

아이고, 거기 나팔꽃의 보라빛 한 송이가 철쭉의 나직한 숲에 피어 있었습니다.

할머니는 거기 입맞추듯이, 香을 맡듯이 했네요.

나는 이 일이 매우 미심쩍게 남았어요.

그게 보였을까, 아니 거기 어떻게 할머니의 분간이 가능했을까였네요.

저희 집에도 아흔 둘의 할머님이 한 분 계십니다. 오후 늦게까지, 두 분은 때론 마루에서 잠깐 눈을 붙이시기도 했지만 여러 이야기가 오간 모양입니다. 해가 많이 기울었을 때, 그 어른은 돌아가시려고 일어서는 것입니다.

다시 현관 앞입니다.

아흔 일곱의 그 할머니는 그 꽃 앞에서 '나팔꽃이…'라고

이름을 불러주시는 것입니다.

나는 내 차로 교외의 신도시 사돈댁 동네까지 물어물어 헤매면서 모셔다 드렸습니다.

아까의 그 일이 내내 궁금했지만, 내가 무엇이라고 물어야 할지, 그리고 내가 무어라고 여쭈워 보았자 우리들 대화는 방백처럼만 오갈 테니, 아무 말도 못했네요.

서혜당,
내가 무어라고 물어 보았어야 되는지요.
이 일이 내 이 가을 문턱에 풀리지 않는 話頭처럼 자꾸만 떠오를 것 같네요.

참, 오늘 이른 아침까지 그 나팔꽃은 어제의 그분의 눈처럼 시든 꽃잎으로 오물고 있습니다.
누가 누구의 향에 취했는지요.

草友齋 主人(2006년 9월 9일)

통신 (56)

사람살이 깊은 곳

1

봄은 갔지만 꽃은 아직 피어 있고
하늘은 개었지만 골짜기는 절로 어둡다.
대낮에 두견새 우는 것을 보니
비로소 깨닫겠도다 내 사는 곳 깊은 것을.

'내 사는 곳 깊은 것을,'
李仁老(1152-1220)의 '山居'입니다.
왜 이리 마음에 와 닿지요?
그것도 도심의 경찰서 앞의 대로에서입니다. 그 경찰서와 옆의 고층 신축오피스텔 건물 사이의 짤막한 돌담에 붙여놓은 石板에 새겨진 것에서입니다. '비로소' 깨달았다니,
내 사는 곳 깊은 것을,
내 사는 곳이 깊다니요.
나는 막 근처의 한의원에서 나왔습니다. 손등이며 정강이며 얼굴의 볼기짝까지 작은 침들이 놓여지고 … 나는 잠깐 졸다시피 했을 것입니다. 그리곤 밖에 나

오자마자 그걸 본 것입니다. 鍼灸師가 내 氣血循環의 經絡을 찾아 어떻게 한 모양인가요. 頂門一鍼, 정수리에 일침을 가한 것처럼 말입니다.

그렇지 않고는 대낮의 市井 바닥에서 그 詩가 그리 마음에 순간 닿아올 리 있겠습니까.

나는 이 시에서처럼 깊은 산 속에 살고 있지 않습니다.

그런대도 어찌 비로소 깨닫겠도다 '내 사는 곳 깊은 것'이라니요.

사람살이의 어떤 境地인가요.

得道의, 열반의 세계가 이런 모양이지요.

詩의 아름다움이, 사람살이의 오묘함이 이리 쉬이 마음에 닿아 올 수 있음이.

2

내 속세의 번잡함은 여전합니다.

그러나 나는 요새 여전히 '山居'에 빠지려 듭니다.

며칠 전의 그 한 순간의 경지에는 이르지 못하나,

'내 사는 곳 깊은 것'이 話頭처럼 자주 떠오릅니다.

사람들 사이에 띠집을 짓고 살아도
수레 시끄러움 들리지 않네
어찌 그럴 수 있을까 스스로 물으니
마음이 머니 땅 절로 외지구나.

心遠地自偏이라

도잠의 이 5言詩에도 매달립니다.

사람살이의 깊은 곳,

此中有眞意 欲變已忘言(이 가운데의 참뜻, 말하려 하나 이미 말을 잊었도다)

말을 잊은 것이 아니라. 아, 이미 날아가버린 것입니다.
내 그 한순간이 말입니다.

봄은 갔지만 꽃은 아직 피어 있고
하늘은 개었지만 골짜기는 절로 어둡다.
대낮에 두견새 우는 것을 보니
……

친구여,
요즘의 내 나날은
여기서 맴돌고 있습니다.

草友齋 主人(2006년 11월)

산방(山房)의 물소리

송홧가루 날리는
외딴 봉오리

윤사월 해 길다
꾀꼬리 울면

산지기 외딴집
눈먼 처녀사

문설주에 귀 대이고
엿듣고 있다
(박목월; 윤사월)

친구여,

'바다의 교향(交響)을 그립는다'는 꼭토의 '소라 고동'에서가 아니라, 귀먼 노옹은 이제는 무엇에 '귀 대이고' 엿들어야 되는지요.

지난 늦겨울 대형 마트에서 조그마한, 키높이 서너 자 남짓의 분수대를 사가지고 왔습니다. 다섯 치 네모의 토관(土管) 속으로 물줄기가 솟구칩니다. 애기들

주먹보다 작은 수중모터가 바닥 통의 물속에서 심장박동기처럼 작동해서입니다. 이 전기장치가 물줄기를 토관의 바깥벽으로 넘쳐나게 하는, 제법 분수(噴水)의 가관(可觀)을 연출합니다.

산골에서 자란 물도
돌베람빡 낭떠러지에서 겁이 났다.

산간에 폭포수는 암만해도 무서워서
긔염긔염 긔며 나린다.

시인(정지용)의 '폭포'는 이리 처음과 마지막에서 숨을 고르지만, 내 거실 탁자 위의 자연은 사정이 다릅니다. 그러질 않고는 낙수(落水)를, 그 신비한 소리를 들을 수 없기 때문입니다.

나는 거기서 지난 2월, '얼음 금가고 바람 새로 따르거니'의, 이 시인의 '춘설(春雪)'을 떠올렸으니까요.

때론, 머리맡 콩나물시루의 새벽 물소리처럼 들립니다.

어린 날 초가지붕 추녀 끝에서 떨어지는 지지랑물소리는, 가랑비일 때는, 그리고 봄비일 때는 어땠나요.

귀가 쉬이 가지지 않는 바흐의 어느 협주곡의 아다지오 악장의 한 대목도 어제 저녁에는 내 분수대의 물소리를 따릅니다.

친구여,
이제는 어쩔 수 없이 늙어가는 이여,

닫힌 사립에
꽃잎이 떨리노니

구름에 싸인 집이
물소리도 스미노라.

조지훈의 시 '산방(山房)' 첫머리입니다.

내 환각도 이쯤 되면 절경(絶景)이지요?

세상은 '백색 소음'에 내가 물들었다고 소곤댈지 몰라도,

내 아침은, 저 폭포에서 토관의 잔잔한 골짜기 틈을 타고 내리는 물줄기의 낙하와, 그것의 물소리가 들리지 않으면, 좀처럼 열리지 않습니다.

내일쯤이면, 저 신록, 5월의 미루나무 잎새의 팔랑거리는 소리를 새벽에 들을 수 있을는지, 내 山房의 물소리에서입니다.

산지기 외딴집 눈먼 처녀 -처럼
말입니다.

草友齋 主人(2007년 5월 어느 날)

통신 (58)

가을들판에서 줍는 이삭 하나

오래지 않아
내 귀가 흙이 된다 하더라도
이 순간 내가
제9교향곡을 듣는다는 것은
그 얼마나 찬란한 사실인가.

Y형, 얼마 전에 작고한 피천득 선생 글의 부분이랍니다.

나는 오늘 아침 '한 떨기 장미꽃' 등의 가곡을 듣고 있습니다.

그래도 비 그친 오늘의 날씨처럼 내 하루가 찬란하게 열리는 기분입니다.

근래에 와서 내 청력이 떨어지는 것 같아서, 의사에게 의논했더니, 그분의 첫 반응은 '아이고 음악을 세세히 들을 수 없어서 어쩌지요'라는, 내가 좋아하는(?) 답이었습니다.

때맞추어 내 방의 오래오래 된 오디오의 스피커 중의 왼쪽 것이 소리를 내지 않네요. FM 청음 시는 그러질 않는 걸 보아서 CD 플레이어에 문제가 있는 것 같습니다. 그러니까 이럴 경우는 어떻게 되는 거지요? 특히 오케스트라 연주의 녹음의 것일 때는 한쪽 편의 것은 내 귀에 안 들어온다는 것입니까. 스테레오 효과는 기대할 수 없겠지요.

그래도 오늘 내 아침은 찬란합니다.

저게 성음(聲音)의 연주들이니, 아니면 혹시 내 한쪽 귀의 멀어짐과 묘하게 조화를 이루고 있는 행운이 아닐는지요.

Y형,

형이 음악을 듣는 공간과, 거기서 소리를 내는 기기(器機)들을 나는 훤히 떠올릴 수 있습니다. 스물 평 남짓한 아파트의 거실에서이니, 그리고 몇 개의 책장들이 벽들을 차지해버렸고, 틀림없이 거기 책들 틈에 장치되어 있겠지요. 기껏 백만 원 남짓의, 명색은 제법 이름 있는, 오랜 것들의 조합(組合), 그런 것의 재래시장격인 세운상가에서 그리로 간 것이 1년도 채 안 되었지요.

내가 그것들의 안부를 물을 때마다 형은 언제나 만족의 목소리입니다.

너무 낡아 못 듣게 된 전엣 것에 비하면 요즘은 대단한 행운이라고요.

매양 적막해, 종일 한 마디 말의 건넴도 없이, 음악만이 어쩔 수 없이 당신 곁이라는 얘기.

요새는 베란다에서 피고 있는 수련(睡蓮) 꽃이랑 함께 듣고 있겠네요. 작년인가 봄에 우리가 찾았을 때는 섬진강 가에서 구해 와서 피운 매화 몇 송이와 함께하고 있더니 말입니다.

Y형,

가난하게 산다는 건 어떤 의미에선 분명 행운일 수 있는 것 같지 않습니까.

그건 이삭 줍는 느낌이 아닐는지요.

우리는 어린 날 이삭을 줍습니다.

가을걷이의 풍요(豊饒)가 요란히 지나간 그 휑한, 아무 것도 전혀 없어 보이는 들판에서입니다. 그때의 그 반가움들을 기억하지요. 이삭 하나이 손가락에 잡히는 혜까움, 그 느낌의 무게. 그것의 모두가 비록 스물의 것도 못 될지라도, 허리를 펴고 일어섰을 때 가슴에 온 들판이 안겨 들어오던 그 뿌듯함까지.

Y형,

많아 보았자 서른이나 스물 남짓의 내 소장의 CD의 전부,

그런데도 저건 하나하나가 가을 들판에서 내가 줍는 이삭의 하나 둘처럼,

내 아침이 오늘은 이리 찬란한지요.

저기, 창밖을 지나가고 있는 철제 난간에 물방울들이 은방울꽃처럼 매달리고 있는 것을 봅니다. 햇빛을 받아 영롱하기까지 합니다. 새벽에 뿌린 빗줄기의 여적(餘滴)들입니다. 그런데 위에서 둘째 줄엣 것에는 그 꽃들의 매달림이 없습니다.

난간 위의 첫 줄이 조금은 폭을 가진 평판(平版)이어서 그 바로 아래의, 손가락 굵기만한 원통의 것에는 놀랍게도 지붕이 되어 주었기 때문입니다.

이 너무 뻔한 이치, 그걸 깨달았다는 내 능력에 스스로 감동하고 있으니,

오늘 아침,

겨우 너댓 살 나이의

이 싱싱함이여.

노회(老獪)한 나이에서 벗어난 오늘 아침을

친구에게 전합니다.

음악을 들으면서요.

草友齋 主人(2007년 7월 17일)

통신 (59)

청옥빛 환(幻)

1

내가 당신의 사륜구동 차에 가끔 실려 밤의 한강의 그 곳에 이를 때, 남단에서 북향의 동작대교에 오르면 읊기 시작하는 내 감동은 언제나 정해져 있지요.

'아이고, 아무리 보아도 저건 환(幻)이야!'

그건 밤물결에서가 아니고, 더욱이 다리의 다리는 볼 수 없습니다.

파장(波長)처럼 출렁이면서 저 자신을 떠받치며 행인에게 내내 넘실되어 오는 아아치(Arch) 철골(鐵骨)의 구조물, 전동차 길의 이 현대적 경관(景觀)에 비치고 있는, 아니 철저히 스미고 있는 조명(照明), 그 완벽한 황홀감 때문입니다.

그 빛깔의 이름을, 무어라고 해야 할지 몰라서 당신에게 띄울 사연에 갈피를 못 잡고 있었다고 말해야겠습니다.

이제는 어쩔 수 없어, 청옥(靑玉) 빛입니다.

어느 화가*는 최근의 '라틴 화첩기행'에서 아르헨티나의 대초원 팜파스를 지나면서 '안데스 산맥의 얼음이 녹아 흐르는' 물줄기의 빛을 청옥이라고 감탄하고 있네요. 1900년대 초 유럽인으로서는 최초로 티베트를 찾아 헤맨 스웨덴의 한 탐험가**는 그 원정기(遠征記)의 한 대목에서 '하늘은 청옥 빛이었고, 태양은 일찍이 티베트에서 본 가장 멋진 풍경을 비추고 있었다.'고 했습니다.

빛깔 이름에 예민치 못한 내 감각은 코의 후각으로라도 이 환상의 빛을 맡고 싶네요.

사전은 사파이어 빛깔이라고 쉽게 기록하고 있습니다.

2

철골(鐵骨)의 대단한 청옥 빛 밤하늘은 언제나 나를 1950년대 그 전쟁 통의 어느 날들의 기억을 되살립니다. 그리고 한 소리에 침잠(沈潛)케 합니다.

작은 알미늄 도시락 크기의 트랜지스터, 전지(電池) 하나로 온 세계로 연결되는 듯한 소리가 들리던, 그때 나에겐 대표적인 신기(新奇)물의 하나였습니다. 뚜껑을 열어젖히면 그 전쟁의 소용돌이 속에서도 음악은 유유히 흘러나오는 것이었으니 말입니다.

어떤 때는, 방송이 끊어졌는지, 세에… 하는 소리뿐입니다.

온 세상이 바람으로 다 빠져나가 버리는 느낌, 아무것 없음의 심연(深淵), 수십 길 아래의 우물 바닥에서 빛깔이 순간 다 바랜 물결소리가 올라오는 것 같았습니다.

나는 한 동안, 아니, 상당히 오랜 기간, 저 청옥 빛의 시각(視覺)이 왜 이 50년대의 그 어둔 시절의 심연의 청각(聽覺)을 불러오는지 알지 못했습니다. 그럴 이유가 전혀 떠오르지 않아 동작대교의 이 환상적인 조명 세계를 지나면서 내 생각은 내내 헤매는 것입니다.

나중나중에까지 기가 차게도, 당신의 차에서, 강(江)바람이 차의 어디 빈틈을 헤집고 스쳐오는 비단실 가늘음의 여러 결들, 그 현(絃)을 흔드는 울림-이, 먼 그날의 그 소리로 나를 몰고 가고 있음을, 그야말로 기가 차게도 몰랐네요.

이 감각에서 저 아득한 기억으로 '잃어버린 시간을 찾아서' –의 마르셀 프루스트, 그의 만년의 모습을 회고한 '나의 프루스트 씨'***라는 책에, 그래서 요새 내가 빠지고 있습니다.

3

엷의 긴 전동차(電動車) 행렬이 도로교(道路橋)의 우리 곁을 빠져나가면 그 청옥색의 대형 야외무대에서 멀어지면서 우리는 황홀한 감상자가 됩니다.

이후의 긴 침묵을 당신은 아시지요.

다리 아래의 그 잔잔한 수면(水面), 어린 날 낙동강 하구(河口)께의 샛강에 두고 온 우리들 '미해결'의 물결이 어떻게 되는지, 당신은 떠올릴 수 있습니다.

오늘은
청옥 빛입니다.

밤의 동작대교에 펼쳐지는
환상의 아름다움입니다.

'아이고, 아무리 보아도…'
저 길에서 취함입니다.

草友齋 主人(2007년 8월 3일)

*김병종 화백
**스벤 헤딘(윤준, 이현숙 옮김) : 티베트 원정기
***셀레스트 알바레의 마르셀 프루스트 회고, 조르즈 벨몽 지음(심민화 옮김)

통신 (60)

가난한 동네의 보랏빛 다알리아

1

줄줄이 딸만 있던 내 친구 순옥이네 집엔
이때쯤 알록달록한 다알리아꽃이 피어 있었지
마당 후미진 곳에서 공기놀이하다
두두두 내리는 소낙비 피해
까맣게 윤이 나던 대청마루에
배 깔고 엎드려 있다 고개 들면
빗물에 고개 숙인 다알리아꽃이
대처에 공부하러 갔다가 연탄가스 마셔
죽은 순옥이네 작은 언니 같아서
낙숫물 소리처럼 슬펐던 꽃
배를 부리던 개네집
그 보랏빛 비린내가 와락 달려드는
자리 구덕 옆에 피어 있던 멍든 꽃
(이영순; 순옥이네 다알리아꽃)

버스에서 내려 산자락에 있는 내 집으로 가면서 지나는 동네는 그리 못 사는 마을이 아니지만, 산에 오르는 초입의 비탈진 길의 한 대목은 가난한 대여섯 집들의 연결입니다. 이들을 왼편에 끼고 오를 때는 조금은 숨가빠 그걸 보지 못합니다. 그러나 내 집에서 동네로 내려올 때는 한 집의 적벽돌 담벼락 위에 있는 그 꽃을 만납니다. 지붕이 낮아 제법 훤칠한 꽃대에 매달린 모양을, 어제 오늘 겨우겨우 찾아온 맑은 가을 하늘에서 대했습니다.

다알리아 꽃입니다.

보랏빛입니다.

해마다 늦여름에서부터 핍니다.

내 눈이 자주 그 꽃에서 머무는 까닭은, 가난한 마을의 집이고, 그것도 담벼락 위에서 분재(盆栽)로 피고 있는, 아니 해마다 거기에 꽃을 피우고 있는 사람의 아름다운 마음씨에 더 정이 가서 그런지 모르겠습니다.

아닙니다, 보랏빛 때문일 것입니다.

2

K형,

내가 다알리아 꽃을 안 것은, 정지용의 시에서입니다. 그래서 만난 실물의 그것은 핏빛이었습니다. 이후 하얀, 노랑을 볼 때도 '피다 못해 터져 나오는 따알리아'라는 그 시행 때문에 열정의 빨간 빛만을 생각했습니다.

중학교 다닐 때 시골집에 가기 위해서 내리던 기찻길의 한역(寒驛) 플랫폼 언저리 어디메쯤에서나 그것을 만났고, 접시꽃, 채송화가 피어 있던 우리 집의 마당귀에서는 보지 못해서, 나에겐 아직껏 칸나꽃과 함께 늦여름의 이국적 풍경으로 남아있습니다.

가난한, 그러니까 빈터 한 뼘 없어 담벼락 위에서 서리가 내릴 때까지 피고 있는 그 집의 다알리아, 그 보랏빛은 때로 나를 낯설게 합니다.

'가난'과 '보랏빛', 어쩐지 좀 그렇네요.

분홍은 핑크, 인디안 핑크빛은 보랏빛의 한 갈래인가요.

내가 어느 중고등학교에 재직할 때, 옆 반의 담임선생님이 교실의, 온통 한 면의 창문에 보랏빛의 커튼을 펼쳤습니다. 그게 그리 놀라울 수가 없었던 기억이 있습니다.* 그 빛깔이 그때의 많은 사람들에겐 '화사함' 심지어는 '바람남', 이런 등속으로 비추어져서 그랬을 것입니다.

3

나는 요새, 나이에 어울리지 않게 '보랏빛' 혼란에 빠진 느낌입니다. 눈에 보이는 거라고는 온통 그 색인 듯합니다. 집에서 걸치고 있는 허드레 면Y셔츠의 체크 줄무늬도, 이불 거죽무늬의 바탕 빛과 모기장 자락의 둘레 띠도 연보라 빛입니다. 공원 가까이의 구립 도서관에서 뒤지긴 반 고흐 화집에서도 오늘은 '선명한 노랑' 대신에, 두 점의 보라색 붓꽃 다발을 비롯해서, '아를 광장의 밤의 카페 테라스'의 별들이 총총한 하늘도, '론 강의 별이 빛나는 밤' 하늘과 물빛까지도 보랏빛으로 보이니 말입니다.

K형,

당신의 어느 글에서이든가, 아니면 강연에서 '보랏빛'을 사람이 앓아누워 있는 '병색(病色)'과 연결 지은 대목이 떠오릅니다. 확실치 않네요. 앓는 사람은 그 빛을 띠고 있다고 했는지, 아니면 그 빛을 선망하는 꿈을 갖고 있다고 했는지요. 어느 시인**은 '보랏빛은 어디에서 오는가'라는 근래의 글에서 '냉각된 빨강'이라는 화가 깐딘스끼(Kandinsky)의 보랏빛 설(說)에 기대면서, '중간색들이 갖는 불균형, 소멸과 죽음에 대한 경사, 슬프고 병적인 심리, 석탄 찌꺼기처럼 연소되고 남은 재의 이미지… 보랏빛은 이런 것들을 떠올리게 한다.'고 말하고 있습니다.

4

'그 보랏빛 비린내가 와락 달려드는/ (…) 멍든 꽃'

가난한 동네의 담벼락 위의 다알리아…

오래 동안 내가 갖고 있었던 이 빛깔의 화사함을 한 순간 앗아가네요.

'빗물에 고개숙인 다알리아꽃'은 생각 못했네요.

하물며, '대처에 (……)/ 죽은 순옥이네 작은 언니'까지는요.

고대 로마시대에서부터 파리 왕실에 이르기까지 역사적으로 그 희귀의, 그래서 화사함의 극치였다는 이 보랏빛이, 어째서 병색의 이미지에까지 이를 수 있는지.

부득불, 다음에 만났을 때 형의 설명에 기대야겠습니다.

심홍색과 감청색도 그 언저리의 빛깔인지도요.

지금 초우재에는 '두두두 내리는 소낙비'가 지나고 있습니다.

그 담벼락 위의 '빗물에 고개숙인 다알리아꽃'의

보랏빛을 보러갑니다.

그러나 '까맣게 윤이 나던 대청마루에 / 배 깔고 엎드려 있다 고개 들면'의 시인의 눈길을 우리가 어떻게 따를 수 있겠는지요.

草友齋 主人(2007년 8월 말)

*오늘 아침 신문의 어느 면에서는 '들뜨고 산만한 아이를 차분하게 가라앉히는 색깔은 보라색이다'라는 '컬러 테라피'의 기법을 말하고 있습니다. 그렇다면 중학교 학생의 교실의 넓은 한 면을 보랏빛으로 도배하다시피 한 그 선생의 생각이 정확한 것이었는지요.

**나희덕

[illegible] 통신 (61)

보라색 색조와 그 변조

1

J씨,

당신도 그렇겠지만, 어느 날 이른 아침, 늦여름의 꼬리를 밟고 느닷없이 찾아온 가을 첫머리에선 반가움보다 심상(心傷)이 먼저 느껴집니다. 그 마음 아픔은 여름날의 긴 시간들을 허비해버린 데서 오는, 아니 그보다는 세상살이의 '이게 아닌데'라는 허망, 그 초롱초롱함에서입니다.

묘하게도 올해의 내 가을 첫 아침의 아픔은 오지 않았습니다. 그 첫머리의 도래(到來)도 실감하지 못하고 있는 사이, 가을에 내가 와 있습니다. 마음 대신에 몸이 계절의 가교(架橋)에서 허덕이고 있습니다. 장림(長霖)에 눅진해진 몸을 가을 기운으로 건초(乾草)처럼 말리는 데에, 올해는 유달리 시간이 걸리고 있는 느낌입니다. 대신 마음 아프지 않으니 대견하기도 하고, 둔해진 것이 아닌가 하고 딱해지기도 합니다.

2

어제 어째서 당신 화실(畵室)을 느닷없이 찾았는지 모르겠습니다.

막 2층 계단을 오르는데, 당신은 내려오고 있었습니다. 흰 종이로 포장한 10호 남짓의 두어서넛 그림의 캔버스를 들고요. 나를 보자 그것을 층계참에 세워놓고는 화실로 데리고 갔습니다. 바삐 커피를 타주면서, 잠깐만 기다려 달라는 당신 목소리는 좀 지쳐 있는 듯했습니다.

나는 빈 방에서, 화실 입구 쪽들의 벽에 걸려 있는, 당신의 근작(近作)들을 보고 있었습니다.

아, 그러니까 내가 어느 날 느닷없이 거기를 찾는 것은, 어쩌면 당신보다 당신의 작업들이 더욱 궁금해서인지 모르겠네요.

얼마 뒤, 어느 전시에 내 걸 그것을 맡겨놓고 왔다는 설명을 앞세우며 돌아왔을 때 나는 당신의 그림들에 한참 빠지고 있었습니다. 그리고 더욱 많아진 보라색 색조와 그 변조(變調)들에 정색으로 놀라워하는 반응을 당신에게 보였을 것입니다.

당신은 몇 이야기를 들려주었습니다.

많은 친구들이 이승을 떴다는 것,

왕복 두세 시간이 걸리는, 행주산성까지의 사이클 로오드를 자전거 행락을 했더니 몸에 무리가 와 있다는 것, 그 노정(路程)이 어떻냐는 내 물음에, 갈밭도 스친다는 찬탄 끝에, 당신의 눈이 조금은 잠기듯, '왜, 내 갈밭이란 그림 알지?' 하면서 그것이 남의 손으로 가버렸음을, 모든 그림들은 하나들이어서 서운하지 않느냐는 내 뻔한 반문이 따랐고.

그러다가 나는 일어섰습니다.

바깥에 비가 오고 있었습니다.

내가 우산을 펴면서 당신과 헤어질 때, 내 뒷모습을 세우더니, 비옷의 깃을 바로 잡아주기도 했습니다.

한참 걷다가 보니 불이 환하게 밝혀진 해장국 집이 보였습니다.

비가 추적거리고, 한 잔의 술이라도 부르고 싶었던 모양입니다. 그러나 참아야겠다는 생각을 이내 했네요. 내 심장 박동의 리듬이 헷갈리고 있다는 걸 느꼈기 때문입니다. 넓은 쇼윈도우에 비치는 비오는 거리에 많은 행인이 지나가는 것을 보다가 나도 그 속을 걸었습니다. 그리고 우산을 접고 전철을 두어 정거장 타고, 마을버스로 다시 바꾸어서는, 산길로 해서 내 초우재 우거(寓居)로 어둑어둑할 때 돌아왔습니다.

밤엔 당신의 1995년에 있었던 작품전의 도록(圖錄)을 찾았습니다. 그리고 갈대밭을 보았네요. 제주도 억새밭과 조금은 착각하고 있었는데, '양수리의 갈밭'(1989)입니다.

먼 산 아래 유백색 갈꽃 숲의 도열(堵列)입니다. 강 이쪽 가까이의 벌판은 들풀인지 강(江)풀인지, 혹시나 부들인지, 보랏빛 색조에 저문 듯했습니다.

며칠 전에 동네 가까이의 구립(區立)도서관에서 뒤적인 폴 세잔 화집이 떠올랐습니다. '에스타크'란 그림의, 마르세유만(灣) 너머 원경(遠景)의 산들에서 보는 보라색과 노란색의 변주(變奏), 또 다른 그림의, 마르세유만 저쪽 기슭의 엎드린 산들 모습의 아련함들이, 낮에 당신 화실에서 보고 온 그 보랏빛 산들의 원경에 얹혀 옴을 느끼면서 잠들었습니다.

3

창에 부딪치는 비의 방울들을 보면서 생각커니, 어제는 좀 이상했던 것 같습니다.

친구의 화실을 느닷없이 찾고, 한 번도 이야기하지 않았던 그림들의 그 많은 보랏빛 색조에 대해서도 그제사 놀란 듯 눈을 뜨고, 그리고 빗속으로 걸어나오고, 해장국집 대형 유리창에서 우중풍경(雨中風景)을 보고 있었고, 빗속 산길을 어둑어둑할 때 찾아들고….

간밤의 비가 아침에도 저리 내리고 있음이,
이 가을 첫머리를 네가 용하게 잘 견디고 있다고,
뭔가가 나를 벼르고 있는 느낌이 갑자기 드네요.
아, 그게 아니고, 올해는
몸이 마음에 앞서고
있을 뿐이라고,

J씨,
이 가을 내 변명입니다.

草友齋 主人(2007년 9월)

통신 (62)

메밀밭 풍경

1

"우리 학생 시절엔 방학이 되면 바로 고향으로 가고 방학이 다 끝나야 서울로 오고 그랬지 않습니까. 강릉은 특히 교통이 불편해 버스로 11시간이나 걸리던 시절입니다. 8월 말쯤 서울로 돌아올 때, 비포장도로의 대관령을 넘으면 버스 창가로 펼쳐지던 가장 아름다운 풍경이 흐드러지게 펴 있던 메밀꽃 밭이었습니다. 그때는 양쪽 시야가 거의 메밀밭으로 뒤덮여 있었던 것으로 기억됩니다.

왜 '메밀꽃 필 무렵'인가를 몸으로 느끼며 거기를 지나곤 하였던 셈이지요. 이번 추석에 다녀오면서 대화를 거치는 옛 길로 왔는데 메밀밭은 겨우 한 곳에서만 봤습니다." (M)

2

"M형,

저는 바로 수일 전에도 들꽃 찾기에 빠져 장평 IC 근처는 돌아다녔지만 '메밀꽃 필 무렵'의 고장 봉평 쪽은 기웃거리지 못했습니다. 그래서 올해는 그쪽 사정이 어떠했는지 알 수가 없습니다. 하지만 근년에 이효석문학 선양회와의 인연으로 9월에 봉평을 여러 차례 내왕한 경험으로 비추어 볼 때, M형께서 학창시절에 즐겨 보셨다는 메밀밭 풍경은 이제 옛 이야기로나 남아야 하지 않을까 싶습니다. 평창군 당국에서 해마다 9월 초·중순에 걸쳐 이효석 문화제를 벌인 지 이미 오래 되는데, 물론 그 축제의 소도구 - 아니, 무대 장치! - 로 메밀밭을 빼놓을 수 없을 테지요. 하지만 농민들이 상업적 가치가 없다는 이유로 메밀을 심으려 하지 않는다는 겁니다. 그래서 군청에서는 경작자들에게 평당 얼마라는 보조금을 지급하면서까지 메밀 파종을 종용했고 그 결과 적어도 축제기간에는 봉평에 메밀꽃이 넘쳐나고 있습니다.

이 억지가 얼마나 갈는지 모르겠습니다. 봉평에는 메밀 막국수집이 많고 축제기간에는 수십만 그릇의 메밀국수가 팔려 나가지만 그 원료의 원산지가 어딘지도 분명하지 않답니다. 가령 가게에서 메밀가루나 메밀국수를 달라고 하면 중국산이라는 것을 미리 알려 주거든요.

그러니 봉평을 제외한 다른 강원도 땅에서 메밀 심기가 끝나버릴 날도 멀지 않을 것이라는 예측이 그리 틀리지 않을 것입니다." (W)

3

M 그리고 W형,

저는 몇 해의 얼마 동안, 식탁에 앉으면 간혹 京春街道 邊의 옛길 가의 한 식당의 풍경이 떠오르면서, 그 가게의 주인네가 자꾸 안스러워지곤 합니다. 몇 년 전의 일입니다. 청평에서 서울로 향하는 큰길의 가에 있는, 그러나 거기에는 두어 채의 가게들만 있어 조금 한적해 보이던 곳입니다. 그 중 한 집은 찐빵 장수를 하면서 조금 비낀 곳의 마당에서는 陶器 花盆들을 팔고 있었던 같습니다. 내가 말하려는 가게는 그 옆의 메밀 국수집입니다. 이 가게의 앞마당에는 제법 큰 승용차가 서 있었는데 나중에 생각되기를 가게의 바깥주인의 것으로 보였습니다. 40대 후반쯤의 내외가 휑한 홀에서 손인 나를 맞았습니다. 그들의 모습과 표정은 이 일에 신참이란 걸 대번에 읽게 해주었습니다. 참 열심히 그리고 성실하게 손에게 시중들었는데, 이런 그들의 처신은 매사에 익숙하지는 않았으나, 아름답게 다가오는 느낌을 저에게 강하게 주었습니다. 두 사람의 얼굴이나 매무새는 이들이 그리 세파에 시달리지는 않았을 거라는 짐작도 갖게 했습니다.

그즈음의 우리 사회에서는 직장에서의 '억지 명퇴' 얘기가 자주 떠돌았습니다. 이 각박한 世情의 소식 때문에서인지 이들이 제법 좋은 자리에서 밀려나 한동안의 苦心 끝에 마음 단단히 먹고 재출발하는 것으로 저에게 비쳤을 것입니다. 메밀국수를 먹고 그리고 식탁 가까이의 진열대에 펼쳐있는 메밀 국수 다발이며 메밀 과자들을 사들고 나왔습니다. 헤어지는 손에게 고마워하는 인사성이 그리 밝을 수 없었습니다.

이후 저는 집에서 끼니때의 식탁에 앉으면 가끔 이들이 떠오르곤 합니다. 그들의 서투름이란 그저 성실함으로만 비치면서 제발 잘 되어주었으면 하는 바램이, 아이고 그 외진 데를 누가 찾아 주랴 하는 걱정이 앞서기도 했습니다.

참, 제가 중요한 얘기를 빠뜨릴 뻔했습니다. 그 가게에 첫발을 들여놓았을 때 손을 반가이 맞는 그들 내외의 배경에는 온통 메밀밭이었습니다. 연록색의 잎에다 '소금을 뿌린 듯이' 하얗게 피어있는 메밀꽃의 들판이었습니다. 그래서 그들의 표정이 낯익지 않고 더욱 새로이 비친지 모르겠습니다.

무슨 景況이냐고, 묻고 싶으시겠지요.

그 가게의 이른바 홀의 빈 벽면의 아래턱에서 중간 높이에 이르는 지대에 그것이 그리 요란했는데, 아, 그런 壁紙가 있느냐 - 라고 서두르지 마십시오. 저에게는 그 순간, 달밤까지는 안 가도, 나귀의 방울소리가 들리듯 했으니까요.

이후 수년 동안 거기를 저는 찾질 못했습니다. 그쪽을 자동차를 몰고 지나갈 일이 별로 없어서라고 말하고 싶지만, 아마 지나가서도 그냥 스치려 했을지 모릅니다.

메밀꽃밭에선 언제나 사진작가가 되시는 M 그리고 W형,

지금은 한창 '메밀꽃 필 무렵'입니다.

이 '무렵'을 제가 제대로 몰라 물었고, 그러자 두 분께서 대화며 봉평 쪽 사정을 들려주었을 때만 귀 기울였던 저에게도 이리 메밀꽃 幻影이 살아나고 있네요.

그러나, 소금을 뿌린 듯한 벌판이 그럴진대, 제가 한 순간이나마 황홀했던, 京春街道 가의 메밀꽃은 더더욱 그렇지 않습니까.

오늘 아침 식탁에서 저는 이렇게 묻고 있습니다.

그러나 그러나, 눈 감으면 '짐승 같은 달의 숨소리가 손에 잡힐 듯'이 다가올 터이니,

그 메밀밭께서 입니다.

늦여름 어느 날 M・W 두 분께.

草友齋 主人(2008년 9월)

통신 (63)

저들 존재의 무심

1

K형,

요새 이태리의 중부 어느 도시에 일어난 지진 소식에 세상이 놀라고 있습니다.

그쯤의 한 소도시에서입니다. 축제의 하나였던, 길들여지지 않는 말들의 질주 장면입니다. 경마장에서가 아니고 도시의 가로(街路)에서 펼치는데 시민들이 길가에 운집해서 열광하는 모습은 온통 들뜸 그대로입니다. 시작하기 전부터 야성의 의기(意氣)가 충천(衝天)해서 출발선에 쳐놓은 쇠줄이 끊길 듯이 팽팽합니다. 드디어 2·30두(頭)의 야수(野獸)가 한껍에 총알처럼 뛰쳐나갑니다. 아스팔트 포도 위에서이니 발굽소리가 시민들의 환호성에 실리면서 요동칩니다. 얼키며 설키며 한 방향으로 뛰고 있으니 그들에겐 온통 이 모두가 '앞서'의 충동으로만 작동하는 모양입니다. 어떤 목표가 있는지 그리고 그게 의식되고 있는지는 카메라의 눈이 잡을 수가 없습니다. 어떻든 결사적입니다. 거기에도 반환점이 있어 얼마쯤 뒤에 일단(一團)의 그들은 순간 U턴합니다. 아뿔사 그 통에 선두의 한 놈이 쓰러집니다. 레이스 코스의 자동차 사고보다 더욱 아찔합니다. 사륜(四輪)의 거친 발길들의 소용돌이 속이니, 주인공의 경황없음을 필름의 초점은 놓치지 않습니다. 와중에서도 그 놈이 일어나려고 애쓰는 것입니다. 그 비틀거림을, 얼키설키 뛰는 다른 것들의 등살이 가만두지 않습니다.

송사리 떼의 군중적 이동처럼 작은 것들의 잽쌈이 없어서인지요.

일제히 돌아서는 그 '시급한 목적'이 물의 흐름 속이 아니어서인가요.

얼핏 그게 한순간 눈물겹습니다.

K형,

시골 마당귀의 외양간,

한데 낮 환한 데에서 막 태어난 새끼 송아지의 비틀거림을 기억하시는지요.

그 막 일어나려 함,

안쓰럽기도 하고 신기하기도 했던

그 의지 같은 거, 어쩌면 그 맹목을 말입니다.

슬로우 모션으로 남아 있는 어린 날 기억의 한 대목입니다.

2

봄의 기운이 아직 겨울에 갇혀 있을 때,

다른 곳보다 일찍 기지개를 펴는 서해안 쪽의 외딴 섬 풍도(豊島)행에서입니다.

두 시간 남짓의 뱃길에서 물결에 흔들리며, 반복되고 있는 풍경들에 내 눈도 거기 따릅니다.

그 물결부터입니다. 내내 그대로의 리듬으로 출렁대고 있습니다.

자맥질하며 따르는 갈매기의 비행(飛行)도 내내 같은 도상(圖上)입니다.

'오요요 강아지'처럼 불러도 열도(列島)의 모형 같은 작은 섬들 또한 저기 내

내 그대로입니다.

나는 얼핏 저들 존재의 '무심(無心)'을 읽은 듯합니다. 무심하지 않고 저럴 수가, 저리 존재할 수가 있을까, (내내 그런 생각에 젖었네요.) 그러려니 바다 위의 저 하늘의 구름의 운행도 그러하고, 풍도 작은 섬의 등성이에서 숱하게 만나는 복수초의 한량없이 노란 빛깔에서도 그리고 바람꽃 잎새에 불고 있는 잔잔한 바람들에까지 내 이 '무심' 생각은 끝없습니다.

저절로 그리 되어 있는 것, '마음'이 비집을 틈이 없다.

하니, 왜 마음이 필요한가.

나에게 온통 세상의 뭇 존재가 이리 무심의 현상으로만 다가오는 것입니다.

달리 풀이되지 않았으니까요.

다만, 나만 유심(有心)입니다.

이것만 이 우주원리에 역행하고 있습니다.

섬에서 바라본 밤하늘의 별들이 그걸 말해 줍니다.

3

K형,
아까의 그 말의 비틀거림이나
송사리 떼의 한순간의 되돌아섬의 그 긴박성까지
아이고 그 맹목성, 그리고 송아지의 기립성(起立性),

혹시, 내가 생각했던 그 '무심'의 운행에서 돌아가는 게 아닌지요.

그걸 비록 얼핏이나마, 그것도 어느 여행기의 필름 화면을 보면서, 눈물겨웠다니요.

언젠가는 이 짙은 감정도 무심의 경지에서 돌아가고 있을지,

이 봄에 노년을 이리 그려 보고 있습니다.

k형,

제 이야기는 어떤 종교에서나 철학에서처럼 거창한 터전에서 연유하는 것은 물론 아닙니다. 한갓 봄 춘곤(春困)의 눈길에서입니다.

과히 탓하지 마시기를.

草友齋 主人(2009년 4월)

통신 (64)

곰배령 가는 길

1

겨우 이틀을 비웠는데, 졸던 눈을 비비니 마당가의 소나무와 엄나무가 寓居 초우재에 성큼 다가와 있습니다. 조금은 답답한 느낌입니다.(카메라의 렌즈처럼 저쯤으로 멀어져 가기의 안경까지 생각했네요.) 저애들은 이리 가까이 바짝 집을 지켰다고 할는지 모르지만, 내 눈에는 '그래 강원도 숲이 그리 좋으냐'의 항의처럼 얼핏 비칩니다. 일상의 연속 가운데에서는 이런 변화가 그저 지나가는데 왜 이번 여행 끝에는 그것에 이리 刮目하게 되는지요. 넓고 깊은 그리고 높은 숲에는 이들과 동류의 자연도 철의 진행을 다잡지 못하는 모양입니다. 거기 계절이 늦게 가고 있었지요. 그 느림의 발걸음에 비해서 이 도시의 도보는 빠르고 그래서 이 간극에 내 눈이 놀랐을 것입니다.

2

비몽사몽입니다.

아니 졸고 있었을 뿐이었는데, 첫날의 거기가 어느 골짝이었는데요. 지금은 알싸하게만 혀끝에 맴도는 약수의 그 샘터 가는 길은 조금 전의 꿈길에서 어느새 멀어져버렸습니다. 전・후가 어떻게 되는지 그 時와 空에 쉬이 분별이 가지 않으나, 환한 대낮의 禪林院址가 어딘가에 분명 있었는데 말입니다. 그저께 새벽 집을 나설 때 아침 예불의, 이웃 절간의 종소리가 울었는데 내 귀에는 아련한 여운만 울렸습니다. 그러니까 이때부터 旅程은 꿈길로 시작되면서 이어진 듯합니다.

어제의 점봉산 곰배령 가는 길이 지금의 꿈길입니다. 이 길의 이름이 내 어둑한 귀에는 가끔 '곰배림배'로 뒤섞이고, 점봉산은 3.7킬로나 가서 바라본 정상 1킬로 아래쯤에 있는 안내 표지판에 이르러서야 눈에 들어옵니다.

곰배령이라니, 이름의 내력이야 어떻든 그 길에 들어서자마자 '산에는 꽃 피네'의 산유화 詩情이 끼얹힙니다. 내 능력을 아는 同行인들 어떡하겠어요. 길은 가야 하고, 꽃들은 지천으로 숨어 있으니 말입니다. 나는 세 분의 고수(高手)를 따릅니다. 서해의 풍도에서 지난 이른 봄에 '산에 산에 피는 꽃'들을 이 세상에서 처음인 듯 만났는데, 이 초년생의 눈에는 아직 무슨 바람꽃, 노루귀, 얼레지-그 이국적 느낌으로-, 복수초-그 선명한 빛깔의 감각으로-만으로도 가득히, 그리고 엇비슷하게 남아 있습니다.

곰배령 예제에서 산유화의 만남,

바람꽃에도 홀아비가 있습니다. 제비꽃에 노랑이 있습니다. 수국같이 소복히 모인 쥐오줌풀이나 동의나물, 장미 송이 같은 피나물도 다들 꽃의 이름이라네요. 큰앵초는 고고한 새침떼기로 애쓰고 있습니다. 눈앞에서도 아득한 별꽃은 어떡하고요. 그러나 보자마자 누가 '귀부인 같은 품격'이라 한, 아이고 그 延齡草, 바라고 있으면 이 여인 때문에 살날이 길어질 것 같은, 이름 그대로입니다.

少時 적, 만국기 아래에서의 하얀 운동화를 신었던 설렘, 그리고 눈부심으로 곳곳에, '저만치'서 만납니다. 나에겐 화려한 조우(遭遇)입니다. 고독해서 더욱 아름다운,

'산에는 꽃 피네
꽃이 피네'
입니다.

3

곰배령 가는 길에 제법 洋館을 흉내 낸 듯한 灰壁의 집마저 가끔 보입니다. 그거야 마음의 지우개가 있습니다. 저 부릅뜬 눈으로 우렁거리는 猛犬들은 밧줄을 풀어주어야 하나요. 그래서 아주 山豚의 떼들을 쫓아버리나요. 아이고, 그러면 저 가냘픈 '저만치 피어 있는' 꽃들의 세계가 그만 자지러지게요.

이 길에서 만나는 몇 집 마을의, 어떤 집이 저기 있습니다. 딴에는 그 오두막 산장에 제홀로의 까페라도 꿈꾸는 모양입니다. 아직 덜 완성한 그 공간은 바깥길에 그 꿈을 드러내는데, 손바닥마냥의 마당 끝 조그만 사립문에까지도 이어집니다. 거기 '산에 갑니다'라는 종이 방(榜)이 달렸네요.

山房主人이 자기 행방을 알리고 있습니다.

山에 있으면서 어찌 山에 가다니요. 저기 山麓이, 山腹이, 山頂이 있는데 …, 꿈길의 내 생각에서는 주인의 행방을 山房이 알립니다. '山中에 가 있습니다'로요.

只在此山中 雲深不知處(산중에 있지마는 구름이 깊어서 있는 곳을 알지 못합니다)

唐詩 尋隱者不遇, 이 잊은 듯한 구절의 대목이야 객이 떠올리면 되니까요.

한낮에 내 욕심이 이리 심합니다그려.

4

곰배령 가는 길은 메꽃의 천지입니다.
山有花의 절경입니다.
꽃들마저 시인의 절창에 열광하고 있습니다.
동행의 고수들은 꽃잎에 숨어 보이지 않습니다.
고성능 카메라도 함께 사라졌습니다.
아, '심마니'의 열정이라니, 그 치열함이라니,
그리고 그 미세함에서라니,
老童은 이제사 인생을 배웁니다.
졸음은 귀로의 차속에서부터입니다.
오늘 이 대낮 저는 여전히 비몽사몽입니다.

草友齋 主人(2009년 5월 7일 대낮)

통신 (65)

온몸 낙화되어 있더라

어제 구스타프 크림트展을 보고 왔어요.

조금은 슬쩍 하는 기분이었습니다.

혼자 갔다 왔으니까요.

시내에 나와 일을 보는데 그 일을 온전히 챙겨 가려면 서너 시간 뒤라야 된다기에, 예상 밖의 이 여유에서 미루어 오던 숙제를 해냈습니다.

세상의 남자 분은 다 어디 갔나요. 온통의 여성 관람 행렬, 거기 뒤섞이며 보았네요. 구경 후의 점심도 '한 노인과 여자네들'의 풍경에서였습니다. 풍경이라, 참, 크림트의 그것에 반했어요. '캄머성 공원의 산책로', 이 이름만 나에게 지금 남았지만, 그들 몇 점 풍경화 앞에서는 때가 오월이라, 오 크림트! 였습니다. 전시실 끝의 가게에 있는 그 복사판들 앞에서는 에그, 했네요. 그게 빛깔이라고. 그래서 사람들은 더욱이 빛깔에 예민한 여성들이 전시장을 잘 찾는 모양입니다.

우산을 들고 갔어요. 막상 펼치기는 집으로 돌아오는 숲길에서입니다. 나무 사이에서 만나는 이따금의 햇볕도 가리고 또 바람결에 그걸 말리고 싶어서 일겁니다. 보다도 조금은, 크림트의 그림에 취한 기분이 산길에서 되살아나고 있었던 모양이겠지요. 벌떼들이 닝닝거렸어요. 아 작년에 왔던 각설이가 어김없이 와 있습니다. 양봉(養蜂)하는 사람이 아카시아 꽃이 필 무렵이면 해마다 어느새 거기 진을 치고는, 저 남녘에서부터 싣고 온 벌떼 사단의 병력을 이 숲에 풀어 놓습니다. 이제 초우재 동네는 아카시아가 그 개화를 서둡니다. 그리고 이들이 멀리 강원도 산골로 진지를 옮기면 5월의 꽃들은 벌써 지고 없습니다.

오늘은 어제의 이런저런 여운 때문에 오랜만에 음악을 한참 들었네요. 권하셨던 브람스 현악 6중주입니다.

그러다가 마루의 큰 창문들을 열었습니다,

아, 아카시아 꽃들의 짙은 향내들이라니,

브람스에 취하고 아카시아에 취하고,

讀書生午倦　　책을 읽다 싫은 정이 나서
一枕曲肱斜　　팔을 베고 잠이 들었다.
忘却將窓掩　　깜박 잊고 창문을 닫지 않았더니
渾身是落花　　온몸이 낙화가 되어 있더라.

친구가 어제 보내준 글에 나오는, 청나라 시인 袁牧(원목)의 '午倦'이란 오언시라네요.

또 이 시에도 빠지고.

오늘 밤은 내 침실의 창들도 짐짓 '깜박 잊'은 듯, 닫지 않아야겠습니다.

온몸이 낙화가 되어 있더라,

오월 아침에 눈뜨면 - 요.

草友齋 主人(2009년 5월 14일)

통신 (66)

샤아프 펜슬

1

'山村을 걷다',

일본의 기행문 작가가 쓴 文庫판,

산골의 한 산자락에 있는 2층의 農家가 앞에는 넓은 텃밭을 펼치고 있고, 그 집으로 건너는 얼기설기 교각의 나무다리가, 움트기 시작하는 두어 그루 果樹 사이로 보이는 수채화 장정의 덧 표지,

이 책을, 서울의 近郊, 그 친구가 사는 山本에서 받았지.

이 친구 알지. 한 이십 년 전인가. 갑사에서 동학사로 넘는 산행 길을 같이 했던 W씨 말이다. 그리고 또 한 권의 문고판은, 펴낸 출판사가 엮은 '俳諧歲時記' 여름편, 일본의 短詩 하이꾸(俳句)모음집, 둘 다 이삼십 년 전에 나와, 이 친구의 손때가 묻은 듯했지. 아이고 이런 책들을 가까이했다니, 언제나 만나면 세상 속사와 술 얘기에 자주 젖던 그에게. 그리고는 내가 달여 동안이나 배 속 사정에 비실거림을 알고는 의료기구상 가게에 끌고 가서는 복띠를 사주고는 배를 따뜻이 하라고 하지 않는가. 점심을 먹고 우리가 밖에 나왔을 때, 거리는 비에 젖고 있었다. 이 도시를 두르고 있는 수리산 자락까지의 '山本을 걷다'를 생각했는데.

나는 긴 시간의 전동차 안의 귀로에서 그가 준 '山村을 걷다'를 뒤적였지.

2

그로부터 한 달여가 지난 오늘, 그를 만났다. 며칠 전의 통화에서 동대문 밖의 한약재시장에 들를 일이 있다고 하길래 그러면 우선 인사동에서 만나서 그리 함께 가자고 해서이다. 신문에서 '기 살리는 연(蓮)'이라는 건강 기사를 보았다면서 연자(蓮子, 연 씨앗)가 '불안·신경과민 증상의 완화, 숙면을 유도'하는 데에 효과가 있다는 것이다.

그의 불면증 시달림은 그때 갑사의 민박집에서도 그러했었지. 약을 복용해서 잠을 불렀으니까. 이 甲寺行 말고 이 친구와의 여행길은 그 후 고창의 선운사행이 있었지.

거기서 이틀 밤을 묵기로 했는데 하루를 지낸 뒷날 아침에 여숙의 앞뜰을 거닐다가 공중전화 부스를 만나자 그가 서울 집에 통화하고는 우리는 급하게 귀로에 올랐지. 중학교 다닐 때에 있었던 교통사고 이후 드러난 유아 당뇨증에 시달리는, 고등학생의 막내가 급하게 병원으로 실려가 있다는 사정 때문이었지. 이후의 일은 우리는 잘 알잖아. 오랜 병원생활이 있었고, 대단한 수술이 있었고 호전되었다가 의식을 잃은 시간이 몇 달이나 계속되다가, 지난해에 끝내 失命했다는 이 친구 딸의 슬픈 일 말이다. 그가 정신 신경과를 다닌 지는 그래서 오래 되었지.

나는 오늘 그를 만나러 가면서, 나에게 있는 茶봉투에서 연잎의 것을 한 봉지 찾아서 들고 갔지. 잎은 씨의, 아까의 그 효능이 없지만 연의 것이니까 그 달여 마시는 기분을 흉내라도 내면 좋으리 싶어서였을 게다. 참 그러면서, 지난여름 영국에 머물 때 벼룩시장에서 골랐던 까만 낡은 책가방을 들고 갔지. 돌아올 때

대형서점에라도 들릴 수 있으면 얼마 전부터 벼루고 있는 두툼한 야생화 圖鑑이라도 사서 넣어오려는 생각에서였다. 오늘 아침에도 뒷산에서 까치수염 꽃도 만나 반가웠으나 별꽃같이 아주 작은 꽃들은 자주 보였는데도 그 이름을 몰라서 불러볼 수 없었기 때문이다.

그러나 내 가방은 그것이 들어가기 전에, 그 친구가 차를 마시면서 하나하나 자기와의 연(緣)을 덧붙이면서 나에게 건네는, 그의 손때 묻은 책들로 해서 미리 배가 불룩해져버리는 게 아닌가. 예사로운 판형의, 제법 두꺼운 것은 역사물이고, 문고판의 나머지들은 두 권의 추리, 또 유명소설가 아꾸다가와(芥川龍之介)의 누렇게 바랜, 역사물 중·단편, 그리고 역시 유명한 무샤노고오지(武者小路實篤)의 청춘물 등의 소설, 아 그리고 지난번의 그 하이꾸 모음집의 秋篇, 아직 여름의 초입인데 가을의 것을 성급히 찾아 온 것이다.

우리는 부모들의 무덤이 있는 山所들에 많은 얘기를 했고, 노년의 조급함과 느긋함에 대해서도 말했다. 그는 건강했고 때론 조금 어눌할 뿐 정신도 맑았고 근래의 기억도 좋았다. 내가 그러자 그는, 역시 지난번처럼 완강히 부인했다. 우리는 점심을 먹으러 찻집에서 일어났다. 그가 현관을 나오다가,

'아 참 잊을 번했다'면서 상의의 안주머니에 손이 가더니 은백색 스테인레스의 가늘고 긴, 포켓 꽂이의 펜대를 나에게 들어보였다. 오늘 가지고 나올 책들에 대해서 미리 얘기하던 지난번 전화 통화의 끝머리에서 말했던 것을 잊어버리지 않고 용하게 내미는 것이다. 나는 그것이 샤아프 연필이라는 것을 대번에 느꼈다. 샤아프라는 이름이 상품의 브랜드명에서 온 것인지는 몰라도, 금속제의 축의 모양도 그 속의 연필심의 생김도 그야말로 샤아프(Sharp)한 것이다. 그래서 볼펜 시대가 도래하기 전의, 신사들의 또는 학생들의 가슴께에 만년필과 함께 때로 가지런하던 것이 아닌가.

그가 주는 샤아프 펜슬을 받고는, 이 찻집의 현관 양쪽 행길 가에 세워놓은, 일견 가게 건물의 액세서리 비슷한 느낌의 목제의자에 우리는 앉았다. 그 선물을 오른손에 잡고는 처음엔 맨 꼭대기의 까만 머리 부분을 엄지손가락으로 꼭꼭 눌러 보았다. 반응이 없었다.

그건 볼펜에게나 하는 짓이다. 그러자 왼손에 그것의 아랫도리를 집게하고는 윗통(筒)을 이리저리 양편으로 돌리면서 밑의 뾰족 끝의 구멍을 보는 것이다. 아무것도 얼굴을 내밀지 않았다. 그 다음 내 두 손은 윗통 뚜껑을 밀쳐 열었다. 거기 드러난 하반의 맨 꼭지에 아니나 다를까 지우개 흔적의 마개가 있는 것이다. 그것을 뽑았다.

그 속, 축의 터널 안에 여분의 심이 있어야 하는 것이다. 긴 것이 둘, 손바닥에 굴렀다. 하나를 집어 아무런 반응이 없던 그 구멍에 밀어 넣었다. 그리고는 조금 전의 그 짓을 했다. 연필심은 얼굴을 내밀었다가 숨었다가 자유자재로 되는 것이다.

가방에서 종이를 찾아서 무어라고 글씨를 써보았다.

그건 볼펜 글씨처럼 미끄러지지 않고 조금은 내 의지 같은 것이 그어진다는 감각이 집고 있는 손가락들에 오고 있었다.

의자에서 일어나면서 무언가 찾았다는 느낌이 들었다.

아마 그도 그랬을 것이다.

어떤 언저리에 가면 무언가 되찾아진다는 희열 같은 것이 오는 느낌.

대낮 환한 여름 날 한길 가에서 그와 나, 두 노옹이 잃었던 젊음까지는 아니지만, 그것에 익숙했던 한 시절 같은 것에 말이다.

3

그와 나는 점심으로 '국시'를 먹었다. 그 값도 그가 기어이 치렀다. 가까이의 白岳洞府 화랑에는 '東方 三先生 추모전'이 있었다. 요 수년 사이에 고인이 된 서예가 一中 삼형제의 遺墨들, 그 향에 젖다가 밖으로 나왔다. 여름 햇살이 눈에 부시었다.

지하철역에서 그와 헤어졌다. 나는 지상으로 올라와서 버스를 탔다. 곧 내리게 되지만 아까 그 친구에게서 받은 '友情'이라는 소설이 먼저 생각났다.

寓居 초우재로 향하는 언덕길은 신록의 잎들이 하늘을 가리고 있었다. 숲길을 걸으며 손이 앞가슴께의 포켓에 이르자 아까의 그 샤프 연필이 느껴졌다.

〈〈病床에서 鉛筆을 잃는 여름날 저뭄〔暮〕〉〉 (石田 波鄕)

며칠 전에 읽은 하이꾸가 떠올랐다.

〈〈山村을 걷다. / 山本을 거닐다〉〉
이렇게라도 써서 엽서를 띄워야겠다.
오 그 친구에게
친구여 어떤가.

草友齋 主人(2009년 6월 26일)

통신 (67)

서해안 갯벌 바람 그 유혹

지재〔芝峴〕 양반,

갯벌이 끝없이 펼쳐진 바닷가를 떠올릴 수 있나요.

그 갯벌의 냄새를 안고 불어오는 바닷바람에 익어간다는 이제는 빈 포도넝쿨의 밭들을 지나서 만나는 野山, 억새풀이 하늘거리는, 늦가을 햇볕의 따스함이 포복하듯 엎드린 뱃바닥에 스며오는, 그래서 조준하느라 지긋이 눈을 감으면 뷰파인더 안은 망막인 듯 뿌여지고, 졸음엔 듯, 저 아래 펼쳐진 갯벌에서 게들의 횡보의 걸음새가 비집어내는 거품들의 푹푹거림의 소리들,

오, 그 순간 내가 찍어 쏜 것은 억새풀 소리와 더분 그 기척들,

아니면 시들해 가는 물매화의 긴 모가지의 하늘거림이뇨.

먼 수평선 따라 함께 이어져 간 東海邊의 지잿길에서
해조음의 대교향악에 익숙한 이여,
갯벌의 냄새를 아시나요,
느린 악장에 자주 반하는 이여
그건 갯벌의 바람 속에서 지긋이 감은 눈길에서야 만나는
아득히 멀어져가고 되돌아서는 潮水音.

(2009년 11월 6일)

西蕙堂,

일주일 전, 서해안 대부도에 가서 서투르게 몇 꽃들을 처음으로 사진기에 담아본 '西海 갯벌 바람 그 유혹', 그날의 解題입니다. 동해안이 고향인 - 이날 함께 하지 못한 茅山에게 띄운 메일입니다. 미국의 南濱, 우리들의 지인 S씨댁 뜰 앞에서 출렁인다는 北大西洋의 波高, 그녀가 보낸 사진을 오늘 보면서 내가 사는 이 반대쪽 나라의 '갯벌' 이야기라도 하고 싶어서 서혜당에게 그대로 옮겼습니다.

*

스물도 같고
마흔도 같은
너
서른에도
흔들리지 않을 것 같은
너
바람 한 점 없이
피고 있는
꽃이어

**

날 언덕에
세워 보아라

바람 속에 놓아 보아라
네가 흔들릴지니
꽃은 가만 있어도
네가 언덕을 넘고
바람에 몰릴 터이니
열에도
그랬고
쉰쉰 지금도
그러하거늘
꽃이어
너는 가만
있거라

지난 시월 초, 友溪 친구가 '물매화'를 찍어 보내 주어서 그걸 보고 내가 和答한답시고 쓴 것의 둘입니다.
그곳 광대한 미대륙에도 이 조그마한 꽃 '물매화'가 피는지요.
갯벌은 펼쳐지고요.

서혜당에게.

草友齋 主人(2009년 11월 12일)

통신 (68)

왜 이리 조용한지요

1

700년만의 해후라는 고려불화대전,

몽환 속에서 본 듯 남아 있습니다.

어둠의, 지난봄에 강남의 호림 박물관 소장전에서 보았던 불화, 불상전에서도 그 어둠 속이었던 기억을 되살렸습니다. 그 박물관을 나왔을 때 그 건물은 무슨 돔처럼, 그래서 그 어둠 속에 한 세계가 갇혀 있는 듯했습니다. 이번의 중앙박물관에서는 경주의 고도에서 만나는 분묘 속에서 나온 듯, 거대 빌딩이 왕릉으로 다가오는 느낌이었습니다.

밖의 시월 햇빛은 너무 강렬했어요. 흰빛이고 은빛이고 나를 어지럽게 했어요. 그래서 눈부시지 않느냐고 물었지요.

우리가 헤어진 뒤, 전철로 서울역에서 내려 긴 플랫폼이며 출구의 길을 걸어 나올 때 완만한 경사에서는 두 권의 '티보가 사람들' - 친구가 다섯 권 중에 우선 들고온 - 마저 무거워 다리를 쉬었어요. 어둔 전람회장에서의 긴 행렬 속에서는 견뎠는데, 아직 내 둔부의 통증이 온전히 가시지 않았다고는 말했으나, 그런대로 견뎠는데 말입니다. 서울역 대합실의 2층에서 뒤쪽의 서부역쪽의 버스 정류장에 가려면 한 대형마트 속을 지납니다. 거기의 편의시설 긴 의자에 앉아서 숨을 고릅니다. 밖에 나와 버스를 기다리며 萬里洞 고개를 넘는 태양에 나는 여전히 눈부셨고.

우리 동네 버스종점에서 시작하는 가벼운 산길,

몇 번이나 쉬었어요. 책보따리를 길섶에 놓고는.

작은 꽃들은 아침에 나갈 때나 돌아올 때나 여전히, 추위가 며칠 지난 뒤였는데, 그래서 조금은 오종종하게 햇빛을 아쉽게나마 즐기고 있었어요.

2

'티보가의 사람들' 읽느라 조용해졌어요.

어찌 고등학교 때 이 작품을 중단할 수 있었을까.

두 소년이 주고받은 회색노트에서 옮긴 그 열렬한 우정의 편지 글들, 그때는 그것 때문은 아니었을 거예요. 지금은 늙어서인지 그 소리가 그 소리 같아서 조금은 지루했어요.

파리에서 마르세유까지 가출한 두 소년, 헤매던 끝에 바닷가 길을 걷다가 만나는, 네 마리 말이 끄는 수레의 내리막길에서의 전복, 죽어가는 회색 말의 표정, 세 마리의 死色, 화물의 통에서 쏟아져 나오는 술들의 분출,

집으로 붙잡혀 오는 두 소년, 다니엘은 집에 들어서고, 바람둥이 아버지가 바람처럼 나타나고, 부부간의 멀어지는 순간순간의 마음의 자잘한 그러나 심각한 움직임들,

지금은 첫장의 회색노트를 끝내고 2장에 들어갔어요.

다른 한 소년 자크가 소년원에 갇히고, 형이 찾아가서 먼 듯하다가 때로 가까워지는 듯, 그리고는 아득해지는 두 사이의 얘기며 그 표정들.

3

나는 지금 안약의 물방울을 두 눈에 떨어뜨렸어요, 눈알 속이 메말라서입니다.

흘러넘치거나 잘 못해서 그게 뺨을 타고 내려옵니다.
눈물인지 구분 못하고 있습니다.
그 물기 속에서, 가을 햇살의 밝음
티보가의 사람들, 이 소설에 부시어
나는 할 말을 잊고 있습니다.
이번 겨울에는 벽난로를 마련해야지
그 노변에서 꾸벅꾸벅 졸고 있는, 티보가의 사람들에 빠져 있는
나를 상상해서입니다.

자꾸 말을 잊어 가는
왜 이리 조용한지요.

草友齋 主人(2010년 10월 30일)

통신 (69)

나그네처럼 간이역에서

1

대야미역,
大夜味
野迷
참 여러 가지 생각이
지나가네요.
우계는 '그 荒涼한 역'이라고 하셨나요.
그래서 일찍 도착해서 어려움을 겪지 말라고요.
아닙니다.
재작년인가 그 역에 처음 내렸을 때, 참 빈번한 건물들의 숲을
지나서 정말로 처음이라는 느낌이었어요.
무엇의 처음,
한갓짐의,
잃어버린, 덜 빼앗긴 농촌의 아직도 조금은 남아있는,
숨쉴 수 있는,
친구를 멀리서 찾아갔는데 그 친구는 일찌감치 그 간이역에 나와 어쩌다가

찾아오는 기차를 기다리고 있는 그런 정겨움의,
그러면서 조금은 황량한 들의,
이런 많은 것들의, 그러나 다 잃어버린 것들의
처음처럼 그런 느낌이었어요.
저에겐 아직도 그 느낌들은 여전히 '미해결'입니다.
그래서 내일도 그곳에 내리면 조금은, 그때의 野味, 野迷의 기분이 찾아올 것 같은 설렘이 있습니다.

2

어저께는 비가 왔지 않습니까.
제가 사는 신촌에서 서쪽 향의 水色 동네를 갔습니다.
그 길로 더 가면 경기도 고양의 花田里 시골도 옛날에는 나타났고요. 그 수색에 한때에는 가까이 모셨던 시인 茶兄 선생의 여옥(廬屋)이 있었고, 지금은 내가 제일 친근하게 함께 살아온 형뻘 나이의 친구가 아파아트 단지에 살고 있고요, 그는 수년 동안 앓고 있습니다. 찾아가면 그리 반가워할 수 없습니다. 그래서 한 달이 멀다 하고 찾습니다.
어제는 서재의 침대에 누워 있었습니다.
날 만나자 울었어요.
이렇게 살아서 무엇하느냐고.
나는 손을 잡고 쓰다듬으며 그러나 할 말이 쉬이 떠오르지 않아 애썼네요. 그는 幻夢의 꿈결에 가끔 사로잡힌다고 합니다. 찾아오지 않는 제자들이 막 왔다갔다고 우긴다는 것입니다.

그의 침대에 걸터앉아 있는 내 눈에 서가에 꽂혀 있는 책들이 들어옵니다. 양주동 선생의 '고가연구' '여요전주' 일석 선생의 '국어학개설', 그래서 우리는 대학 시절을 이야기했습니다. 아 그런데 그 '옛날'에 대한 기억은 얼마나 확실한지요. 저는 어렴풋한데요.

내 눈에 '文理大學報'가 들어오는 것입니다. 그 '권두언'을 끝내 내가 못 썼던 제3권 제2호(통권 6호)의 것이 먼저 띄고, 그 앞 권, 송영택이 편집한 것이 옆에 꽂혀 있었습니다. 내가 편집했다는 그 6호는 한 권이 더 있었어요. 아픈, 나를 만나자 반가워서 눈물이 글썽글썽한 이 친구에게서 그 한 권을 얻었습니다.

어제 저녁 나절부터 어쩌다간 밤중에도, 그것이 놓인 내 거실을 지나치면 어느 듯 고서의 내음으로 꿈결처럼 다가오는 것입니다.

내 잃어버린 문리대 시절이 다시 찾아오는 감회입니다.

이 감회 또한 나는 쉽게 설명할 수 없네요.

鄕愁란 이런 건지요.

3

대야미역
문리대학보
여러 생각에 젖습니다.
그 쓰지 못했다는 '권두언',
어제오늘의 '숙맥'동인지의 머리말,
아 이것도 쓰지 못했어야 하는 것까지도요.
아무것도 모르면서 겉멋으로만 도배질한 – 이 부끄러움은 어쩔라고요.
내일,
대야미역을 찾아가겠습니다.
멀리서 친구를 찾아온 나그네처럼 그 간이역*에 말입니다.
일찍 내려서 '황량히' 두리번거리는
그 낯설음을 만나게요.

草友齋 主人(2010년 5월 19일)

*어엿한 역인데 짐짓 이렇게 불렀다.

통신 (70)

메모리얼 리사이틀

1

C야
내 이 감동과 실망을 너에게 어떻게 전할 수 있지.
'故 조현진 메모리얼, 백청심의 리사이틀'
너에게는 청천벽력, 그 반대의 바람, 놀라움으로 다가오겠지.
'포레의 음악'으로 시작했단다.
저 조용한 흐느낌,
나는 벌써 빠져서는 안 되겠지.
10월의 마지막 날이었고 일요일 오후였고 대학 캠퍼스에선 가을이
한창이었어, 음악대학의 예술관 콘서트홀에서였지.
그 첼로의 화음이라니.

2

O친구에게서였어. 고인의 생존시 그러니까 휴스턴 오케스트라 단원으로 열중한 시기 그곳 휴스턴에서 외교관 생활을 하고 있으면서 어울렸다는 L씨에게서의

전언이라면서, 가쁜 숨으로 이 소식을 알려온 것은 중고등학교 시절부터 그와 가까웠던 O였지.

그가 작고한 지 4반세기가 지난 지금, 그가 처음에 카나다로 떠나기 전, 서울의 떠돌이 시절, 그에게서 배웠다는 예고 2학년의 여학생이, 아 지금에 와서, 그러니까 모든 이에게서 그에 대한 기억이 거의 하나도 남아 있지 않게 된 지금에 와서 女流의 첼리스트 교수가 추모 연주회를 가진다는 거야. '백청심의 故 조현진 메모리얼 리사이틀',

나는 이 소식에 한동안 숨을 못 쉬었어.

3

그리고는 숨이 가빴어.

채 열흘도 안 남은, 그의 추모의 날짜가 가까워 오면서, 그의 생전에 오륙년 동안 같은 학교의 교정에서, 그의 열정과 기행과 그 특유의 예술적 끼에 흠뻑 중·고 시절에 젖었던 친구들에게 이 감격을 전하는 일 때문이었어.

어떤 친구는 놀랍게도 그를 기억 못했어.

또 어떤 친구들은 쉰 남짓의 그의 요절을 모르고 있었어.

나는 미국 유수 오케스트라인 휴스턴 심포니에서 동양인 처음의, 그 첼리스트의, 한 불꽃의 삶을 설명하다가 지쳤어.

이제는 다 늙어서 팔십의 문턱에 들어서는 친구들의 기억에서 벌써 옛날에 사라졌던 한 친구를 찾아내지 못한다 하더라도 그래도 나는 애써 친구들에게 매달렸지.

그들의 기억을 되살리기 위해서,

그러니까 설사 그를 잊었다고 해도 그들의 소년 시절을, 학교 운동장에서 바라보던 항구의 정박해 있던 외항선의 그 육중한 무게, 그것들이 뿜어내던 汽笛이 우리들 교실에까지 때로는 해조음의 한 가닥처럼 밀려오던 기억들을 말이야.

10월의 절정이었지.

관악산 자락의 대학 캠퍼스의 여유로운 공간이었지.

늙어서 멀리 못 가는 가을나들이의 욕구를 음악을 들으면서, 그것도 어쩌면 쉰 노옹들의 목소리나 그 슬픔 같은 것이 숨쉬며 죄어오는 듯한 커다란 현악기의 저음에 사로잡힐 수 있다니. 음악회가 끝나면 우리는 그를 떠올리며 아니 이제 다 잃어버린 우리의 젊은 날을 낙엽을 밟으며 공동으로 기억하겠지.

C야

내가 너무 꿈꾸었지.

내가 왜 그리 실망했지.

무엇에 실망했지.

4

첼리스트 백청심이 연주하기 전 한 5분 동안, 무대 중앙에 드리운 대형 슬라이드 막에서 그의 생전의 몇 대목을 넘기면서 그를 기억했어. 어느 사찰에서의 그의 고독한 모습과 그가 손수 만든 첼로 악기와, 그가 세상을 떠난 그해에 그린 수묵 추상의 그림 두 점과 그리고는 마지막으로 누가 그를 추억하며 쓴 한 章 '친구여 친구여'의 몇 대목 - 나는 그 글의 한 대목을 지금도 울먹이며 기억하지, C야, 그건 내가 썼으니까.

내가 다닌 대학의 중앙도서관의 북쪽문을 나서면 목조 단층 음악대학이 있었는데, 어느 겨울밤 늦게 그 건물의 텅빈 한 교실의 어둠 속에 서 들려오던 그의 첼로소리를 지금도 나는 기억하고 있지요.

언제나 죽고 싶다고 울먹거리던 그 친구가 미국의 어느 심포니 오케스트라의 첼리스트로 그 저음의 화음에 열중하던 중 정말로 그만 죽어버린 것입니다.

5

포레의 엘레지로 시작했고, 브람스의 소나타, 1960년대 초에 서울시향과 한국 최초로 협연했던, 그래서 그가 좋아했던 드볼작의 협주곡 대신에 그를 기억하기 좋은 4 Celli의 배음(?) 속에서의 Sillent woods, 또 드볼작의 론도,

그리고 말이야 C야, 마지막은 부루후의 콜 니드라이, 그의 한참 나이의 열정과 슬픔과 때로는 분노 같은 아픔을, 고등학교 2학년 때의 여학생이 이제는 노교수가 되어 부채살처럼 펼친 8 Celli 앙상블과 함께 들려 주었어.

그는 작고하기 얼마 전의 수년 동안 여름휴가 때에는 한국에 와서 떠돌았지. 떠날 때에는 눈물을 글썽이며 이렇게 말했어.

이제는 안 올 거야.

그러나 다음 해 여름에 그는 나타났어.

C야

'백청심의 故 조현진 메모리얼 리사이틀' 연주는 느닷없이 왔고 그 첼로의 화음들이 그를 4반세기만에 우리 앞에, 아니 내 앞에 불러냈어. 귀도 멀어져 가는

이 노옹 앞에 말이다. 그것도 이 가을 깊어가는 가을에

C야

너 울고 있니.

참, 너는 멀리 있지.

草友齋 主人(2010년 11월 2일)

통신 (71)

개찰 가위질의 찰각거림

1

광화문께의 3층 금호아트홀 로비에 들어섰을 때 초대해 준 M씨와, 어제 내가 전화로 유혹한 Y씨가 먼저 와 있었다. 그새 친구가 주려는 초대권을 받지 않고 매표구에서 티켓을 사버리는 Y씨의 엉뚱함이 있었다는 것이다.

오늘의 음악회는 피아니스트와 바이올리니스트의 자매무대, 피아노의 언니는 M씨의 자부. 그래서 우리를 초대한 것이다.

"하도 음악회 티켓을 사본 지가 아득해서 그 맛도 좀 보아야 되지 않겠느냐"가 Y씨의 고집 이유였다는 것. 그는 먼 거리에서 왔다. 네 번 이나 전철을 바꾸어 타고 시청 앞에서부터는 걸어왔고 길을 여러 번 물었다고, 그러면서도 맨 나중에 물었던 포장마차 아주머니의 친절은 참 고마왔다고 재미있어 했다.

포장마차라니, 나도 Y씨가 지나온 쪽과는 반대 방향에서 포장마차를 스쳤다.

2

바이올린과 피아노의 합주, 그것도 드볼작의 '로만스'였는데, 나는 쉽게 빨려들지 않는다. 나는 쉬이 녹아들 거라고 기대했다. 일 년 전인가 저 피아니스트의 독주에서는 감동을 많이 받았다. 혹시 예민한 바이올린 소리는 이 홀의 천장이며 벽들이 잘 받아드리지 못하는 건가까지 생각했다. 내가 바바리코트 그것도 W의 것을 걸치고 나오고 싶을 때에는 거기다가 긴 머플러까지 목에 휘감고 나올 때에는 그리고 내 머리카락이 바람에 휘날리게 장발일 때에는 딴의 내 浪漫性은 한껏 高潮되어 있을 터인데. 더욱이나 버스에서 내려 밤길의 고궁 앞을 지나올 때 본 그 포장마차를 스치면서는 벌써 조금 취해지는 느낌이었는데 말이다.

아 '로만스'야 내 물결을 휘젓고 빨리 타라. 내 귀는 생각에 자꾸 빼앗긴다.

3

세 번째 곡은 '크로이처(Kreutzer)'

Beethoven Sonata for violin and piano No.9 in A Major.

첫 악장 序奏부터 묵직한 느낌. 한참의 熱演, 자매가 아름다운 화음에 빠진다. 서로 눈짓으로 시작하던 그 단순의 몸짓이 이제는 내 잡념을 걷어내면서 바이올린과 피아노가 참 다채로운 대화로 절정으로 다가간다. 내 귀는 소라고동인가, 이상하지. 나는 저 작곡자의 만년처럼 귀가 한참 어두워지는데 어찌 저리, 어제 가을 햇살 환한 우리 집 마루에서는 쉬이 다가가지지 않던 저 곡이 한꺼번에 가슴에 쏟아져 들어오는가.

지금 아다지오, 그리고는 안단테, 피날레 풀레스토.

4

연주 홀에서 바깥 길에 나서자 포장마차가 떠올랐다.

한 잔 걸쳐야지.

친구 神父가 있었지. 그와 함께 하던 중학교 동창 O, 우리는 대학촌의 가난한 술집에서 어울렸지. O는 그의 주량을 신부 앞에서는 감추었지. 셋은 각각의 밤길의 집으로 돌아간다. 신부는 사제관으로 향하고 나는 네거리의 로타리 밑 지하도의 층계를 … 그때 흘깃, 막 헤어진 O를 거리의 포장마차에서 보았지. 그 환한 불빛에 드러나는, 바람에 펄럭이던 천막의 포장 벽에서 그의 실루엣을. 그 후 신부가 이 세상을 떠나고 많은 세월이 흘렀는데도 나는 내 친구, 참 음악을 좋아하던 그 신부를 잊지 못하고, O의 그날 밤의 실루엣을 자주 떠올리지.

오늘 이슥한 밤길 포장마차에서, 나는 바바리코드를 걸치고 '도리구찌(鳥口)' 캡의 Y씨와 한 잔 해야지.

늙음이 제대로 취하지 못하게 하면 펄럭이는 포장이 우리를 빠지게 할 것이고, 내 옆의 Y씨는 칸델라에 담뱃불을 댕기고는 오랜만에 마음놓고 끽연하겠지.

나는 아까의 그를 이해하기 시작할 것이다.

왜 티켓을, 그리 고집 부려서 기어이 매표구에서 샀을까 - 를.

그래, 그의 고향 청도의 寒驛에서 긴 서울 길의 완행열차의 표를 끊었을 때, 우리들의 가난에서 오는 그것의 무게, 그리고 졸다시피 기다리다 플렛폼으로 나가면서 듣게 되는 역원의 개찰 가위질의 찰각거림, 제법 도톰하던 기차표 한 허리의 ㄷ 짤림, 그 순간 손가락으로 타고오던, 무어라고 해야 하나, 출항의 설렘이 함께 한 그 감각은, 지금껏 그에게 그리움으로 남아있겠지. 그 그리움의 그것.

아까 바이올리니스트는 어찌 그리 정신없이 그 숱한 음들을 켤 수 있었지.

피아니스트의 그 많은 건반들은 어떡하고.

제 정신들이었을까.

아마 손가락을 현에 건반에 올려놓으면 될거야.
아, 연주자의 감각, 혼(魂)의 감각,
그거다 그거다,
우리들의 술잔은 부딪쳤을 테고.

5

Y씨와 나는 음악당 앞에서 헤어졌다. 그는 저쯤 어디에 있을 고운 아줌마의 포장마차에 들렀을까. 나는 그 반대쪽 밤거리로 돌아오면서 길가의 공중전화부스를 흘깃 보면서 옛날에 수화기에 매달렸던 사람들의 술취한 고래고래의 절규들을, 그리고 어느새 철수해버린 아까의 포장마차를 떠올리며 조금은 쓸쓸해하다가, 베토벤에게서 아까 그 곡을 헌정(獻呈)받았다는 '크로이처', 파가니니가 여인들에게 헌정한, 바이올린과 기타를 위한 그 루카 소나타를 생각했다.

산 속의 초우재로 돌아오는 내 길은 내내 취했다.

요새 내가 읽고 있는 소설 '티보가의 사람들', 그리고 오늘밤의 연주자 '함씨가의 사람들'이 나를 빠지게 한 것이다.

草友齋 主人(2010년 11월 15일)

ㅆ ㅋㅋ ㅇㅇㅇ 통신 (72)

등색(橙色)의 주황으로 지즐대 오는

1

용평에 휴가갔던
친구 내외가
그 산 속에서
우연찮게
세종솔로이스트의
연주를 들었다면서
그 현장감이라니
자랑하면서
나에게는
선자령 가는 길에서
찍었다는 동자꽃
모음들을 불쑥 내민다
아 그 현장감이라니
이 또한 이리 말하고 싶겠지
나에게 '등색(橙色)'의 주황으로

지즐대 오는
내 귀속 소라고동에서
연주하는 저 애기들 애기들
동자꽃 동네의 솔로이스트
저 현장감이어

(2010년 8월 2일)

M형,

저 현장감이라니.

그리고 오늘 밤의 이 현장감이라니요.

요새 귀가 멀고 또 음향기기도 신통찮다는 핑계로 음악을 제대로 즐기지 못하는 저에게 오늘밤은 형의 초대로 지극한 호사였습니다. 바이올리니스트와 피아니스트 자매 무대에서입니다.

둘째 번 연주 프로코피에프(S. Prokofieff)의 솔로 바이올린곡 말고는 나머지 세 연주는 자매가 함께 한 무대였습니다. 나는 Y형과 나란히 었고 형은 미국서 온 누이분과 저희들 뒷줄에서 함께였지요.

첫 곡 모차르트의 '바이올린 소나타' 두 악장은 내 젊은 시절 처음으로 클래식으로 끌고 들어갔던 그의 '아이네클라이네 나흐트' 이후 오늘밤도 여전히 우리 인생을 경쾌하게 몰아갔습니다. 브람스의 '바이올린과 피아노를 위한 소나타'(라장조)는 그에게서 느껴온 좀의 심각성에 휘몰릴 듯하다가 '가장 선율적이며 서정적인 곡'이라는 설명대로 가라앉을 수 있었습니다. 마지막의 파가니니 '로시니의 모세 주제에 의한 변주곡'은 그에게서 익숙해 온 조금은 봄바람에 흔들리는 수양버들의 '간들거림'이 오늘은 덜한, 그래서 노년에게는 편안함이었습니다.

이는 유명한 네 곡들에 대한 저의 반응의 단순함입니다.

2

연주회 '현장감'으로 다시 돌아갑니다.

프로그램의 해설에서 브람스의 2악장을 '봄바람에 이끌린 아름답고 서정적인 악장'이라는데 나는 그 대목 이전에서부터 '울부짖음' 심지어 '흐느낌' 같은 것에 휩싸이는 듯했으니, 이럴 수 있는지요. 2악장에서 '느린 부분과 스케르초의 인터메조가 교차'된다든지, '바이올린의 광활한 주제로 시작되어 알프스의 웅대함을 연상시키게 하며 힘차고 열정적으로 끝맺는다'는 3악장에 대한 해설에서보다 내가 왜 이리 멀어져 가버렸지요.

중계에서 받는 수신으로서의 음악도 아니고 딱딱한 음반에 압축되어 있는 CD의 재생을 듣는 것도 아니고 바로 코앞에서 연주하는 실황을 들으면서 착각하고 있다니요.

'현장감'이 주는, 갇힌 공간의 소용돌이에 내가 휘몰려서가 아닐까요. 갑자기 내 어둔 귀가 뚫리면서 말입니다. 청력을 조절하기도 전에 밀려오는 너무 큰 '현장감' 때문에, 나는 엉뚱히 '울부짖음' '흐느낌'으로 브람스곡을 아니 자매의 연주에 빠지고 있었던 것이 아닌지요.

3

나에게 어려운 것은 '합창'입니다.

옆 파트의 소리에 휩쓸리지 않고 내 소리를 낼 수 있는 자신이 없기 때문이지요. '어긋남의 어울림', 합창은 나에게 이리 정의됩니다.

두 연주의 만남,

바이올린과 피아노가 함께 울리는 그 연주,

그 관계가 어떻게 되는지요.

나는 연주를 들으면서, 내 딴의 이 주제에 골몰했나 보아요.

영화 '흐르는 강물처럼(A river runs through it)'에서 노만(형)과 폴(아우)의 어긋남인가. 신중하고 지적인 세계와 동적인 자유분방한 세계의 다른 세상도 나중에는 같은 강물에서 흘러가고, 그 흐르는 강물처럼 음악은 들려오는가. 아니면, 극작가 해롤드 핀터의 한 드라마에서처럼 서로 어긋나는 대사를 주고받음에서인가. 다른 이야기 다른 이야기, 그런데도 한 세계로 묶여오고, 그 감동처럼 바이올린과 피아노는 함께 우리 마음에 울려온다는 말인가. 어쩌면 끌고 끌려가는 '사랑' 관계인지 모르겠다. 지독히 좋아하고 얄밉게 어긋나서 멀어져 가고, 그러나 모두 그리운 날이어서 둘이 그리 함께 연주되고 있는지 모르겠다.

아, 저 자매인지 모르겠다. 느긋하고 조용히 웃기만 하는 피아니스트와 패기만만한 깽깽이의 바이올리니스트와… 나는 내내 저 자매의 역할분담이 바뀌는 것을 상상할 수 없다는, 내 마음속에 고집이 만연해 있음을,

이들 유명한 奏鳴曲을 들으면서 내 이럴 때의 역할분담은 또 무엇인가에까지,

참, 빈 마음으로 들었어야 하는데, 나에게는 그 빈 마음이 어려웠던 모양입니다.

4

금호아트홀에 가서 친구와 더불어 이 나이에 심심찮게 두 자매의 연주를 들으

면서,

그 현장감이라니
밤늦이 집에 돌아와서도 이 아우성입니다그려.
아, 우리 삶의 현장감이라니.

M형,
오늘밤 그렇지 않습니까.

草友齋 主人(2011년 5월 18일)

통신 (73)

지난지난 세기의 표정으로

- 친구들과 오간 편지 -

1

8시 22분에서 23분으로 가고 있는 American clock 디자인의 10¢짜리 두 장, 뉴욕의 록펠러 센터 소장의 Wisdom像 $1 한 장, 그리고 1¢씩의 넉 장의 아름다운 티파니 램프,

이 일곱 장의 우표들이 퀼트 작품의 짜임 같이, '인쇄물 재중' 표시의 봉투를 수놓고 있습니다.

2011년 3월 며칠의 消印이 찍혔고 은송암(垠松庵) 발신입니다.

은송암은 미서부 해안 마을입니다. 거기 저의 제자와 그녀의 부군이 살고 있습니다.

"선생님께

저에게 흰머리가 생기기 전(1/4세기 전쯤 되겠지요)

워싱턴에서 Smithsonian에 속한 현대미술관(Hirshhorn museum)에서 Hopper 작품을 처음 봤습니다. 그래서인지 'First Row Orchestra'는 제가 좋아하는 Hopper 작품이 되었지요. 푸른 휘장 앞에 자리잡은 노부부의 모습에서

각각 다른 생각에 잠겨 옆에 있는 배우자한테 무관심한 묘사를 보며 '늙으면 저렇게 되나' 하고 의문을 갖고 본 작품인데 저희도 벌써 그렇게 되었지요.

'Melancholy images of alienation'을 잘 표현하는 Hopper의 그림에서 고독과 어두움을 잘 읽을 수 있지요.

위의 작품은 Google에 들어가서 image for Edward Hopper 중 page 6에 있다고 생각됩니다.

언제 함께 Hopper의 그림을 볼 수 있게 되기를 바랍니다.

우경 드림 (2011년 2월 21일)"

우경의 이 사연은 얇은 한지에서입니다.

우경 내외가, 4반세기 전에 들러 호퍼의 전시를 보았다는 스미소니언 박물관과 거기에 속한 허시흔 현대미술관을 인터넷에서 찾았더니, 그 외형만으로도 혼이 安靜되어 오는 느낌입니다. 저리 차분할까요. 그래서 우경 내외가 여름휴가의 해마다의 두 달을 열 번이나 넘게 워싱턴에 가서 헤매고 소요했던 모양입니다.

2

"보내주신 Email에 선생님과 선생님의 동인들께서 Edward Hopper를 좋아하신다니 저희도 Hopper의 그림을 좋아하니 이런 것을 두고 同吾所好라 하겠지요. 저희는 2007년의 대륙횡단 여행 때, Iowa주의 수도인 Des Moines에 들려 그곳 미술관 소장의 Hopper의 "Early Sunday morning"을 보고저 하였으나 전시가 되지 않아 실망하였는데 알고 보니 워싱턴의 National Gallery of Art에서 Hopper의 특별전시 행사를 위해 보내졌다는 것이었습니다. 그래서 워싱턴으로 가서 그 그림과 그밖의 많은 Hopper의 작품들을 감상할 수 있었습니다.

여기 특별전시의 안내 팜프렛을 동봉하오니 읽으시면 참고가 되시겠습니다.

은송암에서 첨정(2011년 2월 21일)"

천문학자, 이제는 대학 강단에서 은퇴한 첨정의 편지 글씨는 언제나 달필입니다. 괘지(罫紙)의 편지지 끝에 분홍 색종이 메모지에 급히 쓴 우경의 '추신'이 덧붙어 있습니다.

"첨정이 잘못 기억했어요.

Des Moines(디모인)에서 못 본 그림은 Automat입니다. Automat은

지금은 사라졌지만 옛날에 자동판매기에서 음식과 음료수를 골라서 먹던 곳입니다. 화장을 하고 옷을 차려입은 여자의 외로움은 아마도 요새 젊은 여인들의 모습인지 모르겠지요. (우경)"

Automat은 두 분이 보내준, 워싱턴의 National Gallery of Art에서의 호퍼 작품의 특별전시회 때(2007-2008)의 팜프렛 표지에 나와 있어 더욱 반가웠습니다.

소장(所藏)은 디모인 아트센터입니다. 그러니까 이 작품을 보려 했는데 워싱턴으로 출타 중이어서 거기 국립미술관으로 그림 따라 뒤쫓아 갔네요.

호박꽃!

오토맷의 간이 탁자에서 홀로 찻잔을 들고 있는 '화장을 하고 옷을 차려 입은 여자의 외로움'에서, 나는 어릴 때 시골집 처마 위 초가지붕에서 자주 본 호박꽃

들의, 조금은 무거운 노랑의 빛을 얼핏 떠올립니다. 저 여자의 눌러쓴 모자며 가슴께와 긴 다리, 그리고 그녀 뒤 화분의 造花인 양의 꽃잎들까지, 그들 빛의 無染 無光이라니.

3

이제 우리들의 호퍼 찾기 차례입니다.

"Hopper는 지난번 채정의 에집트 기행문에 언급되어 저도 처음 알게 된 작가입니다. "뉴욕의 실내(New York Interior)"라는 그림의 하얀 속옷을 입고 무엇을 깁고 있는 여인의 뒷모습은 드가의 무희를 닮았다고 하는데 그가 드가 밑에서 미술 수업을 했다고 하는군요. 그러나 그 발랄한 무희와는 분위기가 전혀 다르군요. 특히 앞을 콱 막은 문이 만해탄에서 제가 들었던 싸구려 호텔의 비좁은 방을 연상시킵니다.

저는 중절모를 쓴 자화상이 제일 마음에 듭니다. 그 한없이 선량해 보이고 쉽게 겁먹을 것같이 수줍은 눈이 좋습니다. 그리고 운두가 높은 중절모를 썼지만, 앞 챙 어딘가가 휘어 있는 것이 당당해 지려고 애를 써도 안 되는 그의 타고난 숫한 성품을 전해 주는 것 같습니다.

백초(11/2/4)"

"백초 선생님께서 일러주셔서 Hopper의 또다른 그림을 보았습니다. 여주인공이 화가로 나오는 TV 드라마에서 그녀가 어느 그림 앞에서 자기가 가장 좋아하는 그림이라고 말하는 장면이 있었어요. 그 그림이 호퍼의 '푸른 저녁 Soir

Bleu' 이더군요.

요즘 매체를 통해 호퍼의 이름을 자주 접하게 되는 것 같아요. 저도 최근에 읽은 책에서 그를 알게 되었는데 이상하게도 그의 그림에 쉽게 빠져들게 되는군요.

〈호퍼의 인물들은 집에서 멀리 떨어져 있다. 그들은 혼자 앉아 있거나 서 있다. 호텔 침대 가장자리에서 편지를 읽거나 바에서 술을 마신다. 창밖의 움직이는 기차를 물끄러미 바라보거나 호텔 로비에서 책을 읽는다. 상처받은 듯 자기 내부를 응시하는 표정이다. 방금 누군가를 떠나왔거나 떠나보낸 것 같다. 시간은 주로 밤이다. 창문으로는 어둠이 다가오고, 넓은 시골 또는 낯선 도시의 위협이 그 뒤에 도사리고 있다.〉(알랭 드 보통의 The Art Of Travel; 이레 출판, 정영목 옮김) 채정(11/2/5)"

"이제 Hopper에 대해 잠자코 있으면 물결 저만치 밀어낼 기세군요.

그래서 부랴부랴 몇 곳 뒤져 보았습니다. 제일 만만한 곳이 〈죽기 전에 꼭 봐야 할 1001 명화〉 거기에 호퍼의 작품이 4점 나와 있고 그 화풍의 특징들을 잘 설명해 놓았군요.

Google에 Edward Hopper를 클릭하면 Wikipedia에서 자그마치 85점의 그림을 볼 수 있습니다. 그중 Nighthawks (1942)가 대표작이라는데 이 그림뿐 아니라 "도시를 지배하는 외로움"이 그의 그림의 주조라 하는군요. 언제나 자연 외곬인 저는 빠져지지는 않는군요.

모산(11/2/7)"

그러고 보니 호퍼(1882-1967)라는 미국화가의 그림들을 우리는 지금에사 그것도 인터넷에서나 즐기고 있습니다.

우경 내외가 4반세기 전의 허시혼 미술관, 가까이는 3·4년 전의 워싱턴 국립미술관 호퍼작품 특별전에서 느꼈을 그 찬란한 '현장감'을, 우리는 어떻게 상상이나 할 수 있겠어요.

4

내 회신이 이리 늦은 것은 그 고운 우표의 편지를 받았는데 쉬운 방법의 e메일로 띄운다는 것이 죄스러운 것 같아서, 여태 미루어온 것입니다. 그런데도 여전히 저의 대답은 우표를 붙이지 못했네요.

우체국에 가면, 그림의 우표는 없고, 있어 보았자입니다. 한두 종류의, 그것이 그것입니다. 그냥 편지물의 무게와 우편의 종류에 따라 계산해서 즉석에서 만들어 주는, 간이 영수증과 같은 우표 두어 장 사이즈의 종이딱지를 붙이는 것으로, 참 쉽게도 내 편지는 이 세상에 날아갈 티켓을 받은 것입니다. 이야말로 간편(簡便)아니겠습니까.

우경은 언제나 우표입니다.

그것도 여러 장 때로는 열 몇 장의 다양한 것들입니다. 몇 년 전인가요 미국에서의 우표 축제(!)의 행사에 맞추어, 우표들 이름의 A부터 Z에 이르는, 그야말로 우표의 모두가 알파벳 차례대로 몇 달 동안 발행되는 날짜에 맞추어 우경은 나에게 편지를 띄웠습니다. 보내온 편지의 봉투를 수놓아 준 것입니다.

아, 우표 그림들의 다양함에서 보는 그들 역사와 문화의 짠짠하고 촘촘한 행진,

우리의 일상이 시작되는 이곳의 나날은 왜 이리 눈부시지 않지요.

어제 밤새 마음 설레며 쓴 편지의 봉투를 우체국 창구에 내밀며 우표를 붙여

달라면 나는 지난지난 세기의 표정으로 돌아가야 합니다.

호퍼 그림의 그 고독과 어둠입니다.

草友齋 主人(2011년 3월 일)

제4부

(2011년 9월~2015년 6월)

[illegible] 통신 (74)

용산역 근처

1

오늘은 나들이를 합니다.

종점인 정류장에서 마을버스를 한참 기다립니다.

서울역 버스 환승장에서 내립니다. 용산행 1호선 지하철에 오릅니다. 역시 오늘도 전동차의 향이 반대입니다. 그러다가 다음 정거장에 이르기 좀 전쯤의 노천 선로 길 어디에서 내 방향감각은 교정이 됩니다. 용산역 플랫폼은 좀 황량합니다. 철길 위에 세워진 교각의 층계에 높이 오르는 것이 그렇습니다. 그러나 그게 2층인지 3층인지의 출구로 빠져나오면 아주 모던한 궁륭(穹窿)의 유리하늘에 갇힌 광장에 들어서게 됩니다. 여기서 원효로 전자상가로 빠지는 출구를 찾아야 할 때마다 나는 매양 어리벙벙해집니다. 오늘은 기찻길과 평행 구도인 그 복도를 쉽게 만납니다. 혹시 그 다음 길을 아시나요. 어쩌면 넓은 강물 위를 건너고 있는 것 같은 긴 현수교(懸垂橋), 아니 땅에서 좀 뜨게 이어간 철골 구조물의 터널 길입니다. 긴 구름다리라고 해도 괜찮을까요. 용산전자상가 행인 여기에 들어서면 내 코는 오늘도 예민합니다. 뭐라고 설명할 수 없는, 유럽 같은 서양 문명의 어느 건물의 실내를 지나면 다가오던 그 얄궂은 이국취(異國臭), 어쩌면 미군부대 캠프의 기름 드럼통의 난로가 피고 있던 퀀셋(Quonset)을 지나게 되면 으레

맡아지던 냄새 같은 거 말입니다. 눈높이 창들의 바깥을 보면 얼키설키의 긴 선로들이 터널 다리 밑으로 오늘은 제법 한가하게 흐르고 있습니다. 열차들도 이 순간은 가을 문턱에서 한눈을 팔고 있는 모양이지요. 봄 때에는 저기에 아지랑이가 피고 있는 것도 얼핏 본 적이 있습니다.

폭염의 한여름 대낮 선로는 엿가락처럼 굽어진다는 어릴 때의 이야기도 떠올릴 법하지 않을까요. 이 갇힌 터널이 좀 답답해서입니다.

한겨울의 삭풍일 때를 상상합니다. 눈이 펑펑 내리면 그래도 화가는 그 풍경을 액자 속에 가두려고 할까요. 얼마 전 덕수궁 미술관에서 우리를 그 앞에 한참서 있게 한, 미국 휘트니미술관전(展)에서의 호퍼(Hopper)의 '저녁 무렵의 선로(線路)'가 생각납니다. 기찻길 너머의 그 강한 노을, 남미의 볼리비아 티티카카호(湖)에 비친 그 짙은 선조(線條)의 황혼까지 저기 깔아도 될까요.

전자상가의 북녘 동네에 있는, ㅊ고집이라는 고깃집에서 중고등학교 시절의 친구들을 만납니다. 그 옥호 재미있네요. 그 성씨의 내림 성격을 말해도 아니면 전자상가로 아무리 세상이 변해도 우리 고유의 먹거리를 고집한다는 것이어도, 그러나 여기 모인 우리 친구들의 어릴 때의 고집은 많이 마모되어 버렸으니.

2

올 때의 그 길을 따릅니다.

구름다리의 긴 터널에 빨려 들어가기 전에 그 어귀동네인 전자상가를 기웃거립니다. 온갖 것이 다 있습니다. 아주 조그마한 그리고 얇은 노트북의 컴퓨터는 어느 가게 앞에서나 즐비하고 있습니다. 그만한 휴대용 무선 라디오를 처음 만났을 때의 그 신기함과 놀라움은 말할 수 없습니다. 전쟁 통의 1950년대였지요.

이제는 컴퓨터 시대이고 곧 이것도 저문다고 하네요. 시골에서 낙동강을 건너 도시의 학교로 그리고는 서울에까지 입성한 대학시절에는 건방지게도 세상을 웬만히 따라왔다고까지 생각했지요. 나는 겨우 컴퓨터로 자판을 두들기고 이메일로 소식을 전하고 그리고 떠 있는 인터넷 상의 잡스러운 세상 소식은 그냥 스칩니다. 용산 전자상가의 가게들 길목을 거닐면 나는 세상의 맨 끝에 쳐져버린 것을 실감합니다. 좀 어지럽네요. 돌아오는 긴 터널의 길이 출렁거릴 듯합니다. 용산역의 실내 광장에 이르러서는 쉬게 됩니다. 저 저쪽에 티켓 무인판매대와 함께한 교통카드 충전대가 보입니다. 그 '기계'들 앞에서 어리둥절합니다. 지나가던 젊은이가 다가와서 도와드릴까 묻습니다. 내 손에는 만원 지폐와 교통카드가 있습니다. 젊은이가 시키는 대로 따릅니다. 이게 한두 번이 아닙니다. 왜 이리 내 노년이 어벙하지요. 혹시 세상에 대한 어리광은 아닌지요. 전차를 타고 서울역에서 내리고 서부역 쪽으로 건너가서는 가로수 그늘에서 서성이다가 버스에 오릅니다.

종점에서 내려 산길을 따르고 우거 초우재에 돌아옵니다.

아, 깜박 잊었습니다. 얼마 전부터 들리지 않는 오디오 스피커의 먹먹함에 대해서 그것을 나에게 선물한 N친구에게 오늘은 물을 수 있다고 벼루었는데 말입니다.

草友齋 主人(2011년 9월 5일)

통신 (75)

대하여

‘사그라지다가도 또 일어나고, 우리 어릴 적 동네 노인들에게서 많이 봤제’, 수년 간 앓으며 여위어 가는 친구의 병상에 어제 남기고 온 말입니다. 새벽에 눈 뜹니다. 식도가 점점 좁아져 나중에는 요양원에 실려 가서 얼마 안 있다가는 돌아간 한 지기의 마지막 행로가 떠오릅니다.

同病의 친구, 정말로 호롱불처럼 되살아날 수 있을까.

누가 심지를 돋울까.

생각에서 헤매다가, 장마, 무더위에는 엄두도 못 내었던 아침 산책길에, 낯선 듯 나섭니다. 비탈의 산길을 따르다가 그 끝에 있는 절간에 들립니다. 올해도 연꽃 축제의 소식을 들었는데 다 져버렸겠지의 짐작대로입니다. 대웅전 앞부터 저쯤 떨어져 있는 삼천불전까지 마당에 깔린 수많은 대형 水盆들에서 펼 대로 펴진 연잎들은 좀 까칠합니다. 여남은 꽃대는 蓮花를 애써 세우고 있습니다. 꽃잎들은 흐트러지고 蓮實은 영글고 있습니다.

많은 세월 살아온 친구
본받으며 함께 살아온 나
우리들에게 年年의 實이 있는가

요사채 방문 위 현액에 추사체 ‘靑蓮詩境’, 넓은 방안에는 한 보살이 절하고 절하고 있습니다. 白雲禪師의 面壁은 빈 듯합니다.

木鐸 소리
고즈넉한 念佛 소리
대웅전 법당에서 여윈 듯 젊은 듯한 比丘尼僧
얼른얼른의 網窓 이쪽의 나의 三拜
저 오히려 나즉자즉 들려오는 여인의 목소리
저 오히려 가라앉고 가라앉아 오는 나무짝 소리
저 촘촘한 세밀화의 丹靑
이들 이들에
대하여,
나는 집으로의 廻路에 들어섭니다
드문드문의 자갈에 대하여
돌멩이에 대하여
그것이 깔린 흙에 대하여

나의 '대하여'는 처음에는 이들 物象 하나하나에 세상은 공부하지 않는 것이 무엇 있느냐로 시작된 듯합니다.

이름 모르는 꽃들에 대하여
너무 작은 꽃들에 대하여
열 네 개의 꽃잎들에 대하여
이들이 피어 있는 길섶에 대하여
저 잎들의 조금은 시들해짐에 대하여
누렇게 바래진 몇 낙엽에 대하여
콘크리트 도랑, 그 위에 덮인 쇠붙이에 대하여

공부 안 하는 것이 세상에 없다 -고 출발했는데
나는 계속해서 '대하여'입니다.
조금은 비탈의 길인데 나는 쉽게쉽게 오르고 있습니다.
'대하여'
염불이 되고 있습니다
숨결은 목탁소리에 맞춘 듯합니다.
寓居 초우재 앞, 손가락 다섯처럼 흩어져 간 갈림길에 이릅니다.
언뜻 선들바람입니다.
바람에 대하여
나를 세상의 빈 데서 데리고 오고
그리고 또 빈 데로 불어 갈
바람에 대하여
오호오
이 아침
염불 이어집니다.

草友齋 主人(2011년 9월 14일)

[illegible] 통신 (76)

우리 어린날 그 낯설음

1

소학교에 다니는 나이 때, 동네에 가끔 나타나서는 하모니카를 썩 잘 불던 한 젊음이 있었다. 우리들 꼬맹이들 앞에서, 하모니카로 유난히 두툼했던 바지 포켓에 손도 함께 지른 채 우리들에게는 무슨 구름 잡는 소리 같은 이야기부터 끄집어내었다. 아마 초저녁 동구에서였을 것이다. 우리는 동네 어른들 사이에서 주워들은 그의 바람 끼를 떠올리며 하모니카 연주를 기다렸다. 소문에는 그가 뒷동네의 한 외진 古宅을 둘러싼 대숲에 가서 달밤에 불어댄다는 것이다. 그리고 그 집 큰 딸을 그 대숲에서 만난다는 것이다. 밤눈이 어두웠던 그 집 어른들은 귀마저 어두웠을 것이라고 우리는 그때 수군거렸다.

그 작은 노리개만한 악기가 댓잎을 흔들었을까. 달빛도 그래서 그 고택의 규수의 마음을 젖게까지 했을까. 그의 하모니카 연주를 동네어귀에서 들으면서 우리는 여러 생각에 젖을 수 있었다.

그 집 뒤편에는 샛강이 흐른다. 겨울에는 평야를 휩쓰는 바람이 분다. 여름에는 온 벌판의 벼논의 물에 동네가 갇힌다. 그의 하모니카 연주가 그 요란하던 바람소리와 개구리 울음마저 멎게 했을까.

2

나는 어린 날 상념에 빠지다가 고개를 들었다. 전철 속이 한꺼번에 눈에 들어왔다. 띄엄띄엄 빈 데를 남겨 놓고 승객들이 자리에 앉아 있다.

저들이, 아니 이 전철 공간이 왜 이리 낯설까.

온통 낯설었다.

내 잠재의식에는 도시와 도시인, 도방(都坊) 냄새에 대한 생소함이 있다.

저들에게 말을 건넬 수 있을까. 천의(天衣)의 옷들을 입은 양하고 있는 저들은 내 말에 귀 기울어 줄까. 고운 표정들이 풀릴 수 있을까. 한쪽 벽은 쌀 포대로 가득했던 어린 날 내 골방의 어둠과는 달리 이 차속은 왜 이리 훤하고 휘황할까.

옛날 나의 본디로 되돌아갈 수 있을까.

3

분당선의 한 역 출구에 이어진 백화점의 로비에서 C는 나를 보자 손을 흔든다. 강북에서 강남을 거치는 동안 C에게 전화를 하고는 좀 늦을 것 같다고 걱정했는데 정확히 정오(正午), 약속 시간에 제대로 맞추어 떨어졌다. 이태 전에 와 보았을 때보다 백화점 고객들은 더욱 화려하다. 친구는 두리번거리는 내 촌티를 7층의 식당가로 끈다.

C는 우리가 다닌 중학교가 있었던 B시 출신이고, 나는 이 도시에서 큰 강을 건너면 만나게 되는, 갈대숲 우거진 샛강들이 가로지르고 있는 벌판에서 자랐다.

오늘도 C는 자기 빌라 집에 나를 데리고 간다.

노옹 둘이서 한갓지게 음악이나 듣자는 것이다. 넓은 집에는 음향효과의 극대화를 위한 갇힌 공간이 마련돼 있다. 유명한 마아크 래빈슨 오디오 시스템에다 옛날 시골 들판에서 하늘에 띄웠던 문짝만 하던 왕연王鳶 크기의 스피커 둘에서 울리는 음향이 귀먼 나를 압도한다. C는 일인용 소파를 양 스피커의 맞은 편 정확한 중간 위치에 고정시켜 거기 나를 앉힌다.

브람스도 베토벤도, 하이페츠의 바이올린이 흐느끼는 부르흐의 스코티시 판타지도 또 모차르트의 호른 협주곡들도 듣는다. 나는 C의 정성에 짐짓 더욱 감동하면서 듣는다. 아침 일찍부터 서둘렀던 오랜만의 외출로 조금씩 졸림 같은 것도 간간이 찾아온다. 옆에 있는 화장실에 간다. 尿意를 선 채 풀고 비데의 어느 눌림을 누른다. 아 물줄기가 분수처럼 내 키에까지 치솟아버린다. 당황한 채 화장실에서 나온다. 외출한 이 댁 부인의 방이 열린 채 코앞에 닿는다. 그 南窓에는 앞동산의 산자락이 와 있고 억새풀 무더기가 띠를 두르듯이 펼쳐져 있고, 이 계절을 채색하고 있는 키다리꽃 - 코스모스- 마저 한껏 피고 있다.

아이고, 만세! 나는 소리를 지를 번했다.

얼핏, 감옥에서 '고향의 푸른 잔디'를 그리면서 부른다든가의 노래가 떠올랐다. 나는 C에게 그 곡을 틀어 달라고 생각했으나 참았다. 울먹일 것 같아서였다.

4

돌아오는 길은 두더지 길을 피했다. 지상으로 왔다. 버스 속에는 서향의 하늘에서 비껴 오는 가을 햇살이 가득했다.

고속도로를 지나고 남산 터널 속에서는 내 졸음이 잠깐 꿈에서 헤맨 듯하다가 도회를 도심을 거쳤다. 손에는 C가 준 CD와 연주 실황의 영상이 담긴 DVD가

들려 있다. 내가 사는 산자락의 길에 오른다. 주변에 아무도 없음을 알고는, 시골집의 바자울 가의 오줌독에서 출렁이던 오줌발을 떠올리며 나는 '쉬이' 한다. 그 거품처럼 내 머릿속이 하얘진다.

숲아,
마음 놓고 소리를 질러 보자꾸나,
물소리마저,
그러자
멀리서 버들피리 소리가 들리는 듯하다.
하모니카 소리 아득해진다.
오 이, 떠올릴 수 있나,
우리 어린 날
그 낯설음을.

草友齋 主人(2011년 9월 22일)

ㅆ ㅋㅋ ㅇㅇㅇ 통신 (77)

따뜻했다는 것이다

1

가을이 찾아오고 아침저녁으로 날씨가 선득해지고 그리고 마음이 쓸쓸해지기 시작하면 올해도 노처는 내 책상머리에 와서 또 그 이야기를 끄집어낸다.

따뜻했다는 것이다.

그 40대 초반의 조카가 화장막의 용광로에서 나왔을 때 왜 형수는 한두 웅큼의 재를 자기에게 들게 했을까, 뒷산의 산골散骨 터에까지 오르는 동안, 살아 있을 때의 그 영혼처럼 따뜻했다는 것이다.

2

드라큘라가 고성(古城)의 뜰을 휩쓸며 오던 롱코트 자락을 마룻바닥에 끌며, 조카는 내가 연극무대를 세워놓고 고전음악을 심하게 틀어놓던 그 카페에 나타나곤 했다. 2・3 년간의 뉴욕의 직장 회사에서 서울의 본사로 강제귀환처럼 쫓겨온 지 얼마 안 된 후였을 것이다. 내 기억에도, 금방 보고 온 바로 뒤켠의 E여자대 학생들의 서양극 공연의 여주인공을 소개해 줄 수 없느냐고 느닷없이 제안해 오곤, 또 3V 4V(3대 또는 4대 바이올린) 곡을 모르는 여성을 자기 삶에서는 떠올릴 수 없다고 홀의 요란한 음악에 취하곤 했다.

그는 장가를 들지 않았다. 그때만 해도 그리 요란하지 않던 강남의, 서양식 이름이 이색적이던 스무 몇 평의 아파트에서 암으로 죽어 갔다.

그 병으로 홀로 누워 있을 때 찾아간 나에게 어두웠던 그 방을 어렴풋이 기억한다. 밖으로 나왔을 때 어린이 놀이터 모래밭의 그네와 함께 정지되고 있던 한낮은 수십 년이 지난 지금도 그 햇볕이 눈부셔 온다.

내 재종형이었던 그의 아버지는, 고을에 몇 있을까말까 한 일본 유학파의 엘리트였다. 나이가 나보다 30여 년 위였던 그 분이 어쩌다가 그야말로 어쩌다가 우리 시골집에 나타났을 때 마루 끝에 걸터앉아 꿈이 무엇인지 어린 나에게 던지곤 하던, 집안의 낯선 형의 말투는 서울 말씨였고 나는 귀족을 만난 느낌이었다. 서울에서 들려오던 전설같이 아득한 소식들에는 영웅의 주인공들이 겪는 비극 – 예컨대 사랑의 아픔과 슬픔 같은 것 – 도 있었다.

이 형의 둘째인 조카는 집안의 자랑이었을 것이다. 형수는 말년에 죽은 자식에 대한 미련에 자주 시달렸다. 당시 천재들이 몰렸던 '문리대 정치학과'에서 공부했다는 자랑은 빠트리지 않으면서, 그래서 더 슬퍼했다.

3

화장(火葬)하고 온 그날인지 모르겠다. 49재였을까. 나는 화장터에는 가지 못했다. 형수가 열렬히 빌고 빌었던, 강남의 그 유명한 B사(寺)에서였다.

스무 명 남짓의, 소복과 검정 옷을 입은 유가족 앞에 노승(老僧)은 젊은 스님이 보듬고 들어왔다. 전 생애가 불공(佛供)으로 졸아지듯 작아진, 그러나 목소리는 울렸다.

여러분들은 아직 이승 여숙(旅宿)에서 출발하지 못하고, 그는 우리보다 먼저 떠났다는 것이다. 그에게 어찌 떠남의 설렘이 없었겠느냐 그러나 남은 우리들에게도 그것은 기다리고 있다. 슬퍼하지 말라 - 였다.

노승의 체구가 너무나 가벼워서였을까
우리에게도 죽음이 그때 가볍게 느껴졌다.

4

나는
내가 왜 죽어야 하는지
죽어가야 하는지
사랑하는 사람들을 두고 이 세상에서 떠나야 하는지
그 명분이 무엇인지
그 명분을 확실히 붙잡지 못해서
가을이 오면 당황해진다.

여름날 내내 느슨했던 내 몸과 마음이 가을 들어 죄여오면서, 학생들이 방학 내내 뒹굴다가 개학을 코앞에 두었을 때 많은 숙제에 쫓기듯이, 미루고 미루던 그 대단한 난제(難題)가 풀리지 않아 졸다가, 이 아침 퍼뜩 정신이 드는 모양이다.

그 영혼이 빈 채 따뜻했다는 것이다.
그리고는 산야(山野)에 흩어졌다는 것이다.
따뜻했다

빈 영혼이라,
나는 내 생애의 마지막 멋을
생각는다.
친구야 이 가을에 말이다.

草友齋 主人(2011년 10월 1일)

통신 (78)

둥근바위솔 시초(詩草)

1

둥근바위솔
바위도
솔방울도
하늘
꿈에 거대했다
그리울수록
먼
수상꽃차례
저 자잘한 꽃

모산; 6741

2

시절을 묻다
수상꽃차례

해념이에 기울고
자잘한 꽃
말을 잊다

모산; 6716

어제는 광화문 씨네큐브에 가서 멕시코 (무대는 스페인 바르셀로나)영화 '비우티풀(Biutiful 〈beautiful〉'을 보다. '늙은 떡갈나무 같은 아버지에게 바치는 詩' - 그럴 듯한 영화리뷰의 제목에 반해서 보다. 어둑어둑해 오는 정동 길에서 그 추어탕 집을 찾고 - 깜깜한 산길을 따라 초우재로 돌아옴.

밤늦게 '둥근바위솔' 詩草.

오늘은 백초의 글에 등장하는 북한산 북쪽 자락 삼천사 입구를 향하는 길목으로 나들이. 일이백년 여 수령의 느티나무 아래 생태공원을 거닐음. 갈대, 부들과 잡초가 우거진 못의 냄새를 맡음. 멀찍이 물러서니 가을 북한산이, 180도 광각의 씨네마스코프로 내 코앞까지 밀려옴. 그러자 너댓의 그 느티나무의 가을 맞는 빛깔이 각각으로 변하면서 終映.

저녁에는 풀레이 오프 야구전, 끝나기 전에 겹쳐진, 테마기행, 長江에서 이백의 시에 빠짐. 참 어제 밤늦게는 우계의 이청준 소설론 '한과 사랑의 변증법. 남도 사람들' 다시 읽음.

오늘 아침에는 눈 비비며 잠깨느라 음악을 들음. 슈베르트의 후기 피아노 소나타.

그리고 지금은 막 간밤의 시초를 찾아 그냥 부침.

맥파 씨들, 저의 어제오늘입니다요.

草友齋 主人(2011년 10월 19일)

통신 (79)

부산행, 하룻길에서

1

부산역 광장에서 지하철로 옮긴다. 자갈치행을 탄다. 역구내의 시설이며 차칸이 낡아가고 있다. 지하 터널에까지 해풍이 들락거려서인가. 서너 정거장 지나 조금 왁자지껄한 아주머니들 따라 지상으로 오른다. 2년 전에도 찾았다. 옛날보다 많이 정리되어버린 자갈치 근방의 변화에 그때 아쉬움이 있었다. 남포동 길을 가로지르면서 설렌다. 생선 좌판이 즐비한 어시장 골목을 들어서자마자 벌써 장바닥의 억센 홍청거림이 몸에 닿는다. 그 요란에 놀라 한 발짝만 비끼면 거기 바다가 숨은 듯이 있다. 대구(大口)만한 느낌의 어선 서너 척이 부두에 비비대고, 몇 젊은 노동자들의 너스레가 파도 소리 간간에서 한가롭다.

그래, 저 왼녘 물길 '영도다리 밑'을 빠지면 부산만(灣), 아홉이나 되는 대부두가 누워 있을 것이고 대양(大洋)으로 향하는 무역선의 기적(汽笛)이 버릇처럼 한낮에도 잠을 깨우려 할 것이다. 오른 녘에는 공동어판장의 은빛 그 새벽의 요란, 물결을 매양 다독이던 방파제, 되돌아서는 파도는 근년에 걸쳤다는, 영도와 송도를 이은 남항대교 가랑이를 지나 감천만(甘川灣)에서 빠져 나온 파랑과 함께 남해의 파고를 탈 것이다.

길은 질벅거렸고 고래고래의 고함은 내 귀에서 펄럭거렸고 파도소리는 나를 밤 내내 추적거렸던, 자갈치 저 서쪽 끝머리에는 부둣가의 여인숙이 젊은 날의 나를 기다릴 것이다. 거기서 방파제 가는 해안이 있었다. 대학입시 공부에 서너 달 파묻힌 근처의 판자촌, 그러나 어디 그 흔적이 나타나랴. 그때 유일한 외출이라곤 그 방파제를 홀로 거니는 것, 강한 햇빛으로 핑그르 했다. 그러자 바다냄새가 곧 나를 되살려 주었다.

아늑한 바다, 남항(南港)은 지금 여기 숨은 듯이 옛이야기로 나에게 속삭여 온다. 몇 마리의 갈매기들이 물결에다 맞장구를 친다.

2

남항의 '옛 항구'는 '자궁의 경구를 거쳐 들어가는 듯한 기쁨'(기행작가 로버트 카플란이 지중해의 어느 항구를 두고 말하는)을 되찾아 준다. 부산만에서 영도다리 사이로 찬찬히, 남해에서는 물결 이랑이랑 밀고 들어오는 것이다. 그러자 부둣가에서는 좌판의 생선들이 지레 퍼드덕거린다. 온몸 묻혀온 해초 냄새들이 아가미에서 은린(銀鱗)에서 싱싱하게 내 눈에 코에 미끄러져 온다.

나는 자궁의 모항(母港)에서 다시 태어난다.

산기슭의
목조 이층교실에서 바라다보면
저기 멀리 오륙도가 있었다.
어지럽게 반사되는 눈부신 햇살 속에
때로는 부연 빗줄기 속에
있는 듯 없는 듯 아른거렸다.

그러나 늘
그 자리에 있었다.
(…)
오륙도와 이층 교실 사이에는
그래서 언제나
꿈이 넘실거렸다.
(…)

(송영택 시인; P중학교)

그래 우리들에겐 설렘이 있었다.

학교 운동장에서 바라보던 항만의 정박해 있던 외항선의 그 육중한 무게, 그것들이 뿜어내던 기적, 바다에서 산중턱의 교실에까지 해조음의 한 가닥처럼 밀고 와서는 우리를 외항으로 끌고 가는 것이다. 우리는 이렇게 원대히 태어났다.

3

영국의 남서 끝 랜즈엔드(LAND'S END)에 서면 대서양의 파도가 몰고 오는 무수한 갈매기 떼의 아우성에 정신이 혼미해진다.

아 부산 갈매기, 갑자기 그때 향수에 젖었다.

"부산, 나는 왜 이곳에 또 왔던가. 너무 많이 온 곳, 활기찬 곳, 이곳에선 사소한 절망을 과시할 수 없다. 이 도시는 탐미적 딜레탕트들을 경멸한다. 힘으로 건강함으로 들끓는 도시." (기형도 시인; 짧은 여행의 기록, 1990년)

한국의 부산항에도, 여행작가 로버트 카플란이 남불(南佛)의 마르세유항(港)을 두고 말한 '격식이나 전통을 걷어 내는 사나운 바람(…) 다듬어지지 않는 매력'이 남아 있는지, 아직도 '터놓고 숨김없는 삶을 살며, 그 내면의 세부적인 것에 대해서는 외면만큼 신경을 쓰지 않는' 야성이 살아 있는지.

참, '거친 야생의 에너지를 만끽하기 위해서' 자갈치시장과 국제시장 주변을 찾는다는 한 방송작가의 '부산행' 자랑도 근래 있었지.

4

자갈치에서 전철에 오른다.

남포동, 중앙동, 부산역, 초량, 부산진, 좌천동, 범일동까지 전동차의 진동소리는 해조(海潮)의 소금기에 젖는 듯하다. 남항에서 제1부두로 6부두까지의 항만을 저쯤으로 하면서 지하선이 거기 따르기 때문이다. 다음 역 범내골과 서면은 부산의 내륙처럼 깊다. 바꿔 탄 2호선은 낙동강 둑에 멀리서나마 비빌 양으로 서행(西行)으로 달린다. 예닐곱 역 지나서는 사상역이다. 여기서 김해행 경전철이 시발한다.

외눈박이의 지상행, 옛날 이곳 벌판의 까치나 까마귀 떼의 비상의 높이로 달린다. 전차 칸 두서넛이 이어진, 승객만 이 공중무대에 등·퇴장하고, 몰고 가는 운전자는 전혀 없다. 조금은 유령 같다. 첫 기착이 '괘법 르네시스떼'역, 그 이름이라니. 드디어 낙동강의 흐름, 자못 물위로 날으는 기분이 들자 바로 서부산 유통지구, 물류단지의 건설 현장, 온 들판에 철골빔의 공작현장이 전시장의 모형으로 다가온다.

나는 이제 까마귀나 까치의 비행이 아니라 매처럼 이들 변화에 매섭게 눈뜬다. '○팔, 이러도 돼, 세상 이리 변해도 돼' 놀라움이 상욕이 된다.

공항역에서 급히 땅을 짚는다. 국내선 터미널 3층 라운지에서 차를 마시며 마음을 달랜다. 어린 날 소를 몰고 노을에 돌아오던 갈밭이었고 샛강이었고 황금의 들판이었다.

개구리 울음소리는 비행기 소음에 다 죽어버렸다. 다시 경전철에 아까와 같은 향으로 오른다. 몇 정류장을 지나 샛강을 만난다. 마침, 옛날 김해 벌의 서녘 지평에 해가 빨간 태양으로 - 스산하고 불안한 세상을 용케도 지나 - 안착하고 있다.

산소(山所) 길이 저물고 있다. 배낭을 풀고 자갈치에서 마련한 사과와 북어포와 소주병과, 나는 세 무덤에 어둠과 함께 엎드린다. 아버지, 어머니, 종형수에게 댕겨 드린 담뱃불이 반딧불처럼 삭으러들자 일어선다. 멀리 국제공항에 내리는 비행기의 서치라이트가 얼핏 나를 비춘 듯하다.

정오에 내린 부산역에 다시 돌아와 밤 여덟 시발의 서울행 기차에 오른다.

바깥 어둠은 시야를 가린다.

내 망막엔 저 도시의 불빛,

부산은 여전히 나에게 향수인가.

다음 다시 찾으면 도시의 온 해안 길을 따르랴,

파도가 밀고 오는 갈매기 떼를 환호처럼 만날 수 있으렷다.

草友齋 主人

[illegible] 통신 (80)

피아니스트의 영혼

1

세상 모든 일 다 그렇다고 하지만
클라우디오 아바우가 천천히
베토벤 피아노 소나타 30번 마지막 악장을 치듯
치는 도중 찻물 끓어 그만 의자에서 일어섰나,
곡이 끝나듯
그렇게 살고 싶다.

황동규 시인의 '봄날에 베토벤 후기 피아노 소나타를 들으며'의 몇 행,
나는 초겨울의 오늘밤 금호 아트홀에서 30, 31, 32번의 연주를 들었다.

피아니스트가 32번 마지막 악장을 치듯
치는 도중 내 귀가 아득해졌나
곡이 끝나듯
세상에서 그렇게 멀어지고 싶다.

2

베토벤의 후기 피아노 소나타 세 곡.

나는 내내 감동이었지만 그렇게 만든 그 細密을 한 마디도 추적할 수 없다. 譜表에 명시된 音符인데 왜 연주들은 다 다른가.

왜 다를까. 아니 어떻게 다르게 칠 수 있지!

손가락은 무엇이 다스리는가.

연주자의 영혼이겠지. 그 영혼에는 무엇이 들어 있지.

오늘밤의 피아니스트, 그의 영혼의 풍김은 그가 만들어내는 저 소리소리 하나에서 온다. 그 소리들에서 그녀의 영혼을 추적할 수 있을까.

작년 추석 즈음의 그의 시댁 향리에서 찍은 사진에서 피아니스트는 간짓대를 메고 가는 꼬맹이들과 함께 누른 벼의 들판 길을 걸어가고 있었다.

그 들판에서 들은 새소리는. 그리고 들 너머의 동해안의 해조음 소리는.

나는 새벽녘, 특히 겨울의 어둔 밤길에서 들려오는 이웃 동네의 절간 종소리를 들을 때마다 그 소리들의 간격을 맞추지 못한다. 다음 소리는 느리고 때로는 내가 생각하기 전에 먼저 울어버린다. 저 리듬은, 더욱이 오늘 새벽의 리듬은 무엇이 정해버렸는가. 간밤의 꿈이었을까. 빗소리인가. 피아니스트는 세상의 소리들이 그의 영혼에 얼마나 많이 아니 인상 인각되어 있을까. 애들의 어릴 때 한밤의 울음소리까지.

나는 오늘밤의 피아노 연주를 들으면서 때로 그 리드미컬한 대목에서 어린 날 연못에 던졌던 팔매질의 그 작은 돌멩이의, 수면 위의 건너뜀의 간격들이 새삼 내 어깨를 춤추게 함을 느꼈다. 아주 잘 치던 내 한 친구의 제비차기의 그 안정적인 속도감, 구슬치기의 경쾌함, 때로는 둔탁한 부딪침, 그리고 연못에 뛰어드는 개구리 소리의 波長.

겨울 한밤의 동네 다듬이 소리,

저 대숲의 대나무의 마디는 무엇이, 우수수의 바람이, 보름날의 달빛이, 지난 철의 그 끈질긴 빗소리가, 그 마디마디의 간격을 정하는가. 어린 날 어머니의 손길의 부드러움, 아버지의 투박한 손길이 내 등마루를 훑던 기억.

나는 오늘밤 서해안의 갯벌에서 멀어져 가던 물소리와 그 물결이 이루던 거품들의 자지러짐을 피아니스트의 영혼에서 듣고 있었는지 모른다.

3

내 가난한 CD 소장에는 오늘의 연주곡들은 없다. 다행히 8번, 14번, 21번, 23번이 함께 한 캠프(Wilhelm Kempff) 연주의 것은 있다. 이 중 나는 21번 발트스타인(Waldstein)을 한 때 아니 지금도 참 좋아한다. 초우재가 지금의 건물로 개비되기 전의, 지금 철에는 지붕 위에서 은행 알이 우수수 쏟아지던 간이 건물의 내 서재에서 이 곡을 들으며 많이 꿈꾸곤 했다. 한 소설을 쓰겠다고. 그 곡은 그리 나를 추켰다. 모기 장 속에서 바라보는 바깥 뜰 가장자리에서 수숫대마저 달밤에는 나와 함께 취하곤 했다.

이 야밤에 청승스럽게 듣는다. 오늘 들었던 후기 작품에 비해서 느낌의 요동이 덜해지는 것 같으나 여전히 심금을 울린다. 아 내가 어떻게 그 소설의 이야기를 이을 수 있을까. 어디까지 생각했지. 남자 주인공이 그녀를 만나기 위해 남미행의 비행기에 오르지. 베네주엘라 - 라.

내일은 지하실에 내려가서 그 판을 찾아보아야지. 우리 집의 오래된 물건들이 폐기장으로 넘어가기 전의 중간 기착지, 며칠 전에는 거기 있는 내 손때 묻은 많은 책들이 온통 실려 나갔다. 아직은 LP판의 레코드는 그대로 남아 있다. 아마, 베토벤의 피아노 소나타 전집 - 이 있을 것이다. 그러면 내가 30, 31, 32번을 들었다 말인가. 그리고 그때도 감동했단 말인가. 전혀 떠오르지 않는다.

아득히 그 곡이 끝나 가듯이
나는 옛날에서 그렇게 멀어져 있다.

草友齋 主人(2011년 11월 24일)

통신 (81)

수연산방(壽硯山房)에서

1

한 3년 전의 일이다.

성북동에 있는 수연산방(壽硯山房)을 찾았다. 고택의 주인이었던 상허(尙虛) 선생의 생질이신 B씨가 안내했다. 함께 한 이는 B씨의 오랜 지기 W씨 M씨, 그리고 젊은 친구 C낭과 나 다섯이었다. 나는 이분들은 좋아했으나 그리 익숙지 않는 교의(交誼)여서 조금은 조심스러웠다. 생전의 집주인의 수택(手澤)이 아직 남은 듯한 마룻바닥이며 문턱도 어루만지면서 뜰의 조붓한 마당도 바라보면서 차를 마셨다. 상허 선생의 이 댁에서의 생전 이야기 - 무서록(無序錄)에서 읽은 -에 조금은 애잔해하면서였다.

나는 그날 아주 낡은 - 영국의 어느 소도시 교외의 벼룩시장에서 찾은 - 책가방을 들고 갔는데, 그걸 열고는 음악 CD 몇 장을 끄집어내어 다탁(茶卓)에 올려놓으면서 선물하려고 했다. 영국 작곡가들인 홀스트와 엘가의 것이었다. 내가 월여 정도 머물었던 영국의 어느 도시 교외의 한 대학촌 내에 있어 자주 기웃거렸던 그 고장의 아트센터에서 이분들에게 드리려고 산 것들이었다. 나는 그때 아들네집의 2층에서 지냈는데도 때로는 조금씩 이방(異邦)의 외로움도 찾아오고 해서, 장난감 같은 조그마한 오디오에 올려놓기도 했던 음악들이다. 그때 자주 들었던 것 중의 하나는 엘가의 피아노곡들의 모음이었는데 이 판은 그 가게에 하나밖에 없어서 나는 서울에 돌아와서는 몇 장으로 복사를 했다. 그것도 함께 차탁 위에 올려놓았다.

그런데 다들 약속이나 한 듯이 나에게 되미는 것이다.

왜 그걸 우리가 받아야 하느냐 - 는듯했다.

그러기에는 비정하다는 듯이 그 엘가의 피아노곡들 복사의 것만은 갖겠다고 했다.

나는 멋쩍었다. 내가 왜 억지를 부리지 않았을까.

왜 그 귀한 것을 우리에게 주려느냐 - 였을 것이다.

그런데도 지금껏 그때의 내 멋쩍음 그리고 어색했음이 그 곡들을 들을 때 가끔 떠올려진다.

2

우리는 그 즘부터 대개 철에 한 번 정도 만났다. 그럴 때마다 나는 그들에게서 CD 선물을 받았다. 세종문화회관 바깥 돌층계에서는 W씨가 말러의 교향악곡을, 서울대학교 박물관 안에서는 M씨가 웨일즈 출신의 베이스 바리톤 브린 터펠의 것을, 예술의 전당에서는 C낭이 역시 터펠의, 절창의 데니보이가 수록된 것을 나에게 주었다. 나는 그때마다 덥석덥석 받아들였다. 이렇게 해서 내 '스무 장남짓'의 가난한 CD 소장은 이들 고마움 때문에 조금씩 부풀려진다.

3

시인 S형은 수천 장의 CD를 소장하고 있었다. 그가 서울을 떠나 따님이 사는 정읍으로 옮아살면서, 다 처리하고 지금은 1, 2백 장만 함께 한다고 했다.

그는 가끔 자기 소장의 것에서 내가 좋아할 만한 곡과 연주들을 구워서(?) 보낸다. 그것도 자켓 속에 담아서, 자클린(Jaqueline du Pre)의 첼로 연주를 무려 9장이나 보내 왔다.

흐느끼란 건가.

草友齋 主人

통신 (82)

흐름 혹은 허름의 미학

1

우리는 성남의 한국학연구원 근처의 운중동 마을에서 점심을 함께 했다. 이 만남의 장소를 생각할 때마다 나는 세계지도에서 보는 유명한 항구에서 뻗어나간 아니 모여온 항로(航路)의 직선 표시의 코스들이 떠오른다. B씨와 M씨는 남쪽에서 W씨는 서쪽에서 C는 동쪽에서 나는 강북에서 우우 그곳으로 몰려왔기 때문이다. 우리는 민속식당에서 점심을 하고는 근처의 산 낮은 비탈에 있는 한 카페의 원탁에서 많은 시간 담소했다. 그날 우리는 제 각기 다른 모양의 모자를 썼는데 B씨는 여느 때의 신사모와는 달리 모던한 유행류의 것을 쓰고 왔다. 그리스의 바닷사람에 어울리는, 우리 고등학교 다닐 때의 까만 교모 비슷의 디자인의 것인데 모자를 좋아하는 나는 조금은 부러워해 왔던, 그러나 용기를 부리지 못했던 것이다. 이런 내 눈치를 알았는지 모두가 웃는 가운데 B씨가 그 모자를 내 머리 위에 씌워 보였다. 나는 멋쩍어 하면서 어울리기를 바랐다.

그 다음 해 그러니까 올 봄에 미국을 다녀오면서 B씨가 그리스제의, '희랍인 조르바'라도 썼을 법한, 아니 항로의 마도로스에 어울릴 것 같은 그 모자를 나를 위해서 하나 사왔다. 자기보다 한 사이즈 큰 것을 골랐다는 것이다. 어째 내 머리 둘레를 짐작할 수 있었지. 나는 감지덕지했다.

이후 여름이 가고 가을이 가는 동안 그 선물은 내 거실의 옷걸이에서 내 용기를 기다리고 있다. 가을에 우리는 용문산 자락의 C낭 집을 찾았다. 그때였던가 B씨가 나에게 물었다. 왜 그 모자를 안 쓰고 왔느냐는 것이다. 나는 마치 대답을 준비해 온 듯이 '제 의상철학(衣裳哲學)을 모르시지요?'라고 하면서 곤경을 피했다.

내 의상철학이라, 참 거하게 말해버렸다.

내가 어릴 때 어떤 옷을 입었는지는 초등학교를 졸업할 즘에 찍었던 딱 두 장의 사진에서 겨우 볼 수 있다. 하나는 그야말로 허름한 양복의 윗도리, 그런데 이 옷을 입은 내 모습은 매우 촌스러워 그래서 편안해 보인다. 하나는 중학교 입학원서용으로 찍었던 것 같다. 얼굴이 새 옷에 빳빳해 있다. 일제말기의 이른바 국민복을 입은 상반신의 것이다. 목의 깃에는 후크가 야무지게 걸려 있다. 나는 앞의 사진의 촌스러움에는 정겨움을 느끼고 뒤의 것 새 옷에는 도회적인 그러나 답답하고 어색함을 느낀다.

지난 세기의 80년대에 나는 한 학기 동안 다른 대학에 가서 교류교수라는 이름으로 강의했다. 집으로 돌아오는 길에 시립대학에 친구가 있어 자주 들렀다. 그 친구가 내 의상을 대하고는 감탄했다.

흐름의 미학-이라고.

나는 아직 그때 이 친구의 명명을 분간 못하고 있는데, 그것이 '허름'의 미학이라고 했는 것을 잘 못 알아들었는지 모르겠다.

2

며칠 뒤 한남동 쪽의 리움미술관에 가서 B M W씨를 C와 함께 만나 조선화

원대전(朝鮮畵員大展)을 보게 된다. 우리는 관람 후 어디 가서 점심을 먹고 차를 들며 한담하게 될 것이다. 가능하면 조금은 넓은 원탁의 다탁이면 좋겠다.

나는 그 자리에서 내 손에 들어온 지 이제 3년을 채운 한 중절모를 B씨에게 내밀 것이다.

영국 여행 중 스코틀랜드의 에딘버러 성에서 내려오면서 그 길 가의 모자 점에 들렀을 때 매우 마음에 들어서 집은 것이다. 짙은 쑥색에다가 멀리서 바라보는 잔디 구릉처럼 부드러운 운두(雲頭)가 눈에 만져지는 신사모이다. 나는 첫눈에 반했다. 조금 작은 듯했다. 한 사이즈 큰 것을 원했지만 없었다. 손에서 놓치기 싫어서 사들었다. 왜 여태 그걸 쓰고 멋을 부리지 않았느냐고? 여태 익숙해지지 않았으니까. 이제 3년이 지났다. 그러나 내 머리통이 작아지지 않았으니까.

참 그날은 내 옷장에 들어온 지 10년이 훨씬 지난 새 양복 윗도리를 처음 걸치고 나갈 판이다. 고등학교 재직 시절의 한 제자가 나를 강남의 유명한 의상점에 억지로 불러내어 내 허름한 미학을 바꿀 양으로 나에게 밀어붙인 고급 윗도리다. 그 순모의 포근함과 부드러움에 내 촌스러움이 쉬이 익숙해지지 않는다는 핑계를 이제 던져 버려야 할 때가 되었다고 용기를 부릴 참이다. 뭐 아무런 짓을 해도 법도에 거슬리지 않는다는 나이도 지나고 있으니 조금 그 무늬가 화사하더라도 어쩌랴 싶은 것이다.

우리의 우의(友誼)가 3년이나 쌓였는데 어디 내가 멋쩍어 지랴.

어색해 지랴.

“저는 중절모를 쓴 자화상이 제일 마음에 듭니다. 그 한없이 선량해 보이고 쉽게 겁먹을 것같이 수줍은 눈이 좋습니다. 그리고 운두가 높은 중절모를 썼지만,

앞 챙 어딘가가 휘어 있는 것이 당당해 지려고 애를 써도 안 되는 그의 타고난 숫한 성품을 전해 주는 것 같습니다."(2011/2/4)

한 때 우리들 이메일 통에 자주 오르내렸던, 미국화가 호퍼(E. Hopper)의 그림에 대한 B씨의 소감을 오늘도 여기 옮겼다. 내가 제법 큰소리치는 것은 이 말을 기억하고 있어서인지 모르겠다.

草友齋 主人(2011년 12월 18일)

ᗯ ᗴᗴ ᑫᑫᑫ 통신 (83)

쑥떡빛 쇠똥을 아십니까

大夜味, 大野尾, 大野迷

大夜味역입니까. 제 기억에 혼란이 왔어요. 그 근처에 대야고등학교라는 이름의 교사가 보이던데 설마 大夜일 리 있겠어요. 大野, 큰 들, 大野望, 아니면 그냥 大也인가요.

그런데 어느새 촘촘히 건물들이 들어선 걸 보면 大野尾, 야산의 꼬리만 남은 것 같고요.

이삼년 동안 이번까지 세 번이나 여기를 왔는데 이 지명은 저에게 혼란을 줍니다. 처음부터 제가 이 이름에 장난을 쳤으니까요.

이번에는 '대야'야 어떻든 '대야迷'입니다.

대야미역 앞에서 우계는 채정과 나를 차에 태우고 수지로 향합니다. 곧 고속로에 오르고 동수원인가의 팻말을 볼 때까지는 그런대로 저에게도 방향감각이 있었는데 그러다가 어디서 고속로를 빠져나가서부터는 네비게이터의 여성이 나를 그녀 마음대로 몰고 갑니다. 우계의 차에는 지난번의 이 길에서는 못 보았던 이른바의 '나비부인' 가이드가 어느새 동행하고 있습니다. 아니 동행이 아니라, 그녀의 인형극 연희 줄의 놀림에 딸려가고 있다는 느낌입니다. 우계는 그 밝은 길눈썰미를 애써 잊은 듯합니다. 작년인가의 이 길에서의 그는 우리를 끌고 가는 선구의 깃발이었는데 이번에는 식민지역의 우리와 동격이 되었습니다.

내 정신 줄을 나비부인이 잡고 동서남북으로 휘젓습니다. 그리고는 눈을 떠보라는 식입니다.

이 멀미를 아십니까. 대혼란, 미망(迷妄)을 아십니까. 나의 어린 시절의 들판은 갈밭에서 나왔을 때도 동은 동, 서는 서, 언제나 그 자리 그대로였는데. 그래서 이 세상에 나침반이 있다는 게 이상했는데. 눈감고 뺑뺑 돌다가 눈떠도 여전히 나에게는 남북의 혼란이 없었는데 말입니다.

우계는 그런 나를 잘 '모시고' 가는데도 꼭 그녀와 합작해서 '모의(謀議)'하듯 끌고 가는 듯합니다.

신봉리에 오면 신봉농협쯤이 나설 텐데, 산채 식당의 이름에 등장한 '아래 아' 자가 이제는 내 국어 실력마저 몽롱케 합니다. 모산이 내미는 '제 고향'의 그 많은 나물 가지에 내 구미가 당혹해지면서, 나야말로 大野에서 자랐는데 그 시절의 텃밭 나물 몇 가지만 떠올립니다. 그리고 산채의 아래 아에서 곧 바로 'With' 이름의 커피점이라니.

남미와 아프리카와 동남아 온갖 야산에서 따온 가배의 만물 리스트의 메뉴를 뒤적이다가 그것들을 다 섞었을 것으로 내음 피우는 그 집 브랜드를 마시고, 나는 카페라떼의 거품을 붑니다.

넓은 창에 들어온 야산의 아스라한 봄기운에 과장되게 반응하면서부터 '迷'의 어지럼증에서 벗어 날 수 있습니다.

명이나물, 곰취, 방풍잎 그리고 더 많은 알 수 없는 풋것들,
그러고 보니 大野味 大野薇(고빗과의 여러 고등 식물)인 듯합니다.
저녁에,
우계가 우리말로 옮긴 찰스 램의 '굴뚝 청소부예찬'을 만나면
내 단순한 의식에 생각에 그 흐름에 또 迷妄이 올 것입니다.

아 大也謎(수수께끼),

녹색 쑥떡빛 쇠똥을 아십니까.
이 완전한 식물성의 야미에
구곡(九曲) 장이 며칠 편안합니다.
내 양장(羊腸)을, 그 길을 굳이 펴려 애쓸 - 그렇다고 곧아지지 않을 것인 즉 -
필요는 없을 것 같습니다.
쑥빛의 애매, 은근, 그것이 구절(九折)을 돌고 있는
이 속 편안함
요 며칠
입니다.

草友齋 主人(2012년 1월 16일)

[illegible] 통신 (84)

낯설음

1

산자락에 살면서도 겨울에는 춥다고 여름에는 더워서 뒷산의 산책길에 나서지 못합니다.

가을 문턱에 들어서서야 새삼 각오를 앞세우고는 산책길에 나섭니다.

전에는 중턱의 山腹 길에 이르는 코스였는데 집에서 나오자마자 바로 오름막이 이어지는 바람에 숨가쁨을 핑계로 山麓 길을 그것도 천천히 걷기로 했습니다. 산자락 끝단을 따르는 것입니다. 바람에 따라 치맛단이 펄럭이듯 이 길에도 오르내림이 있습니다.

우거의 마당 앞에서 바로 이어지는 산골목 길에 나서면 경사 30° 정도에 한 쉰 번의 걸음을 옮겼다가는 바로 산록로에 들어섭니다. 오솔이 아니고 산 관리의 차량이 다닐 수 있는 폭의 흙길입니다. 얼마동안은 내림길을 따릅니다. 등산화로 터득터득 걸어가는 발치에 낯선 듯 아스팔트 차도가 거짓말같이 곧 근접해 옵니다. Y대학 북문 쪽과 근처의 대학 기숙사를 오가는 찻길입니다. 산자락 길과는 그 사이에 생나무 울타리와 철망의 경계가 있습니다.

내가 걷는 길은 조금씩 낮아지는데 그 찻길은 올라오고 있습니다.

아침 일곱 시를 조금 넘고 있습니다.

차들이 빨리도 아닌 조금의 질주가 전조등을 얌전히 밝힌 채 올라왔다가는 이 산자락 길을 스치면서 지나갑니다. 이 산길과 저 차도의 만남은 어쩌면 한 순간 정도밖에 되지 않습니다. 대학캠퍼스 내의 저 포장길은 산에는 이어졌지만 산책길과는 만나자마자 바로 헤어집니다. 산의 둘레길과 대학구내 도로의 휘어진 한 꼭지가 접한 부분이라고 설명해야겠습니다.

차들은 저 아래 언덕의 한 구비를 막 돌아서 이 길에 들어서면 이 근접의 순간을 잠깐 스치듯하면서 대학단지 중심으로 사라집니다. 출근 시간대여서인지 띄엄띄엄이 아니고 제법 내내 이어집니다.

그런데 말입니다.

저 승용차들의 행렬이 순간 낯설음으로 달려왔다가 또 낯설음으로 달려갑니다. 두 길의 근접이 순간이어서 그들이 나에게 그들을 생각할 겨를을 안 주어서인가요.

이렇게 낯설음으로 끝나버리는 것이 이른 아침 시간의 나에겐 여간 이상하지 않습니다. 두 길의 잠깐 스침 지점에서 이 낯설음은 어제도 그랬고 오늘도 한순간 그렇습니다. 그 잠깐을 지나면 산록길의 다른 시야에서의 나는 어느새 이 세상의 익숙한 사물들 속에 들어서 있습니다.

2

한 삼사년 전에 달 여 동안 워릭이라는 영국 중남 지역의 한 대학촌에 머물 때입니다. Cryfield cottages라는 이름의, 이 대학 방문객들을 위한 숙소 동네였는데 숲속에 숨은 듯이 몇 동의 오랜 건물들이 모두여서 고즈넉할 정도로 조용했습니다.

얼핏 외져 보이는 이곳과 대학 캠퍼스의 중심지역과의 사이에는 2차선의 지방도로가 지나고 있었습니다. 대학을 찾거나 다른 동네나 지역으로 빠져나가는 차들이 왕래하는, 클락숀 소리는 들리지 않고 내가 보기에는 그저 무심히 운행되고 있는 찻길 풍경에 다름없었습니다.

그런데도 나에게 그것들은 참 강하게 낯설었습니다.

허기야 이방인의 나로서는 모든 것이 심지어 나무나 숲들마저 낯설어 보일 때였으니, 그 숲과 나무들을 끼고 그들은 조용히 흘러가고 있었으니, 그것도 좌측통행의 차들이어서 나에게는 양방향의 이들 왕래가 엇갈려 보였고, 더욱이나 모두가 낯선 번호판의 이름표를 달고 지나가고 있었으니까요.

아니 이런 것 말고도 낯설었습니다. 운전자의 관심과 용무가 나와는 전혀 아무런 연이 없고, 어쩌면 나는 투명인간으로 그들 시야에는 보이질 않을 거라는, 심지어 자동차의 조명에도 미러에도 비추어지지 않을 거라는, 묘한 무존재감 때문이었는지 모르겠습니다.

그 도로의 인도에서 건널 신호를 기다릴 때나 숲을 끼고 걸을 때나 간에 이 고을에 머문 월 여 동안 내내 '낯선' 이 느낌이 지워지지 않았습니다.

어디 그뿐입니까. 아래층에는 아들 내외와 둘의 애들이 있는데도 2층의 창가에서 보이는 나무나 숲이나 그리고 우러러 바라보이는 하늘의 달이나 심지어 태양까지 그 숲의 바람까지도 낯설었으니 나와 관계없는 그 자동차들의 행렬이라면 더욱 그랬어야겠지요.

3

다시 아침 산책길로 돌아왔습니다.

영국쪽 이야기는 내가 이방인 시절이었으니 그렇다고 칠 수 있지만, 내가 사는 동네에서인데 이건 웬 일이지요.

혹시 느닷없다는 의외성에 그것도 무심한 가운데 순간 부딪쳤기에 입니까. 찻길이 이 산길보다는 낮아서 그 턱이 조금이라도 隔世의 생각을 만들었나요. 벌레소리의 背音이 때마침 들려서입니까. 아침 이른 시간이라 일상으로 진입하기 전의 내 아직 꿈에 갇힌 意識 때문인가요.

차도와 동행하는 인도의 기숙사 대학생들의 아침 일찍의 행보도 낯설게 다가옵니다.

워릭의 그 한 때의 시절 그 코티지 마을에선 대학건물 주단지와는 반대향으로 5리 넘어나 걸어야 그 대학 기숙사촌에 이릅니다. 그 길 내내 왼편에는 밀밭이 이어지고 있었고요. 거기를 산책하다가 이따금 만난 동양인 학생들도 반가움보다 낯설었어요. 혹시 그때의 망령이 지금 한순간 나에게 되살아나고 있나요.

4

혹시 노년이 세상사에서 멀어지고 있는 한 단서를 이 산책길에서 내가 주운 것은 아닌지요.

누른 벼들이 베어지고 텅 빈 들판에서 아쉬워아쉬워 이삭을 내가 줍고 있는 것은 아닌지요. 가을마저 가버린 벌판, 그 들녘의 낯설음 -을 내가 만난 것은 아닌지요.

내가 졌다〔散〕고
꽃이어

그리
오송송하지 말라
금강초롱의 저 낯설음
이제
눈 익은 건 아무것도 없다
오 다시 시작해야 하는가
세상의 저 낯설음

금강초롱 (10/9/4)

내일 아침은 산복길의 오름으로 산책 향을 되돌려야겠습니다.
내가 조금 심해진 듯해서입니다.

草友齋 主人(2012년 9월 15일)

통신 (85)

바다 그리고 물매화

1

“우리 아버지는 대학생 때 우리 집에 놀러 온 친구들에게 대관령을 넘어오니 기상이 달라지지 하셔서 친구들이 지금도 그 소리를 하시는데 많이 달라지셨나요?

이제 더불어 벗할 만하게 되셨겠지요?” (茅山)

또 저의 착각이 이 아침부터 시작합니다.

‘氣象(날씨의)’이 아니고 ‘氣像(사람의 타고난 성정과 드러난 儀容)’이네요.

대관령에서 만나던 그 氣象의 變怪가 강하게 기억되고 있어서입니다.

어제 만난 대관령은 조용했습니다.

평창에서 우계와 헤어지고 채정은 바다를 꼭 보고 싶다는 나를 데리고 옛 대관령 길에 조금은 헤매면서 올랐지요. 겨우겨우 해서 찾아 그 고개에 이르렀는데, 한 번은 – 아마 10 여 년은 더 되었을 것입니다. 그게 저에겐 가장 나중의 그쪽 길 기억입니다. – 그때로선 참 낯설게도 새로 등장한 대관령 휴게소에서 차를 세웠는데 나는 쉽게 차 밖으로 나갈 수 없었지요. 그 억센 바람과 휘모는 안개와 구름 때문이었습니다. 우리들에게 맞닥뜨린 變幻, 이 氣象을 선친께선 氣像

으로 바꿔 놓으셨네요. 소생이 일찍이 어른의 이 말씀을 들었으면 백번이라도 대관령을 찾아 그래서 평생 따라다니는 오종종함에서 제 기상을 바꿀 수 있었을 텐데 말입니다. (어제의 '구'대관령 휴게소는 폐가의 마당처럼 비어 있어요. 그 氣象은 온 데 간 데 없구요.)

제가 우계에게나 채정에게 - 아니 벌써부터 그쪽 고장 주인장인 모산에게 - 바다를 보고 싶다고 졸라 댄 것도 이 대관령을 넘자마자 만나는 그 아득한 세계의 꼭 은종이같이, 고개를 휘돌 때부터 번쩍거리며 애태우던 바다바닥의 '먼' 환호 때문이었을 거라고, 어제 그 길에서 떠올렸습니다. 모산이 자주 보내준 그쪽 '바다' 사진들이 더 직접적인 유혹이었을 것입니다.

아흔아홉 번이나 휘돌고 휘돈다는 고갯길에서 풀려났습니다.

강릉 大都護에 접어들어서는 해변을 자주 끼고 가는 舊道의 남행길을 찾느라 한참 헤맸어요. 그러노라, 근년에 유명해졌다는 그곳 카페 街도 찾아서 한 잔의 커피를 - 아이고 由緖의 古都에서 그 異邦의 구미에 씁쓸해 볼 멋도 잃었지요.

동해 고속도로의 직선에 올라 양양 속초행의 북향으로 몇 바퀴 달리다가 다시 국도로 내려와 해안로를 발견, 드디어 해변을 만날 수 있었습니다. 철망에 갇힌 바다를 열고 들어가니 텅 빈 '명사십리'에 와서 철썩이는 망망무제의 바다를 한꺼번에 안을 수 있었습니다.

채정과 저는 모래밭에 앉아서 발치까지 밀려왔다가 되돌아가곤 하는 파도의 그 끝없는 반복을 무심히, 무심할 수밖에 없는 무심으로 보았습니다. 이 고향 바다 빛에 이름 댈 수 없어 멍했다는 국어학자 모산의 어느 날의 감개가 실감되기도 했고요.

파도는

끝없이 반복하고 있었고
그 반복을 파괴하고 있었고
그래서 무한대의 세상의 지루함이
모래사장에서
은빛처럼
아니 물먹으며
빛나고 있었어요

('무광의 빛'이라 제해 볼까요)

2

"남정, 채정의 동해안 행을 전혀 부러워하지 않으며 혼자 대화의 대덕사를 찾아가니 이미 탐화꾼들의 자동차가 네다섯 대나 보였습니다. 모두 무시하고 절까지 올라가서 절 주변을 살펴보니 물매화는 예년에 비해 개체수가 늘어나 있었지만 예상대로 절정기가 지났더군요. 한 주일 전에만 와도 좋았겠다 싶었지만, 이곳저곳 살핀 끝에 깨끗한 녀석들을 몇 개체 만날 수 있었습니다. 그러나 늦게 찾아온 덕분에 한창 때의 구절초를 실컷 볼 수 있었고 그밖에도 자주쓴풀과 솔체도 아직 볼 만하더군요." (10월 8일 友溪)

봉평에서 물매화 물매화 하길래 그게 그저 노래려니 했는데
대화의 대덕사에서 훔쳤네요

여제(女帝)의 황관(皇冠)

세상은 비벼라
손비벼라
나는
가난한 이에게
마음 가난한 여인에게
그 머리에 씌우리라
저 하얀 후덕한 꽃잎을
저 수술의 물방울 합창을
그녀가 만나는 난생 그 처음의
황홀
오 냇물에 뜬
저 만월
생원에게 출렁인다

물매화

아시다시피 봉평, 대화, 제천은 이효석 '모밀꽃 필 무렵'에 등장하는 주인물들의 동선입니다. 봉평 장날에서 대화로 향하는 길, '산허리는 왼통 모밀밭이어서 피기 시작한 꽃이 소금을 뿌린 듯이 흐뭇한 달빛에 숨이 막혀 하얗다.' 했지요.

방앗간 성 서방네 처녀,

허생원에게 갓지난 보름달이 그 센 물살에 출렁이었을 것입니다.

'내일은 제천이렷다'

우계에겐 그 처녀가 물매화로 이 가을에 피고 있습니다그려.

草友齋 主人(2012년 10월 8일)

통신 (86)

'빛깔'에 대하여

안녕하십니까

며칠 전의 칼럼 '凍傷'을 읽으면서 참 어찌, 그 가난한 그러나 행복한 시절로 잘도 떠올릴 수 있을까 감탄하였습니다.

그러면서도 이건 나 또래 노년들의 전유 기억일 텐데, 조금은 도적맞는 묘한 기분도 들었습니다. 그리고 자주 느낍니다만 선생님의 사진에서 보는 도시성과는 다른 '촌스러움'을 어디서 이리 훔칠 수 있을까 하는 엉뚱한 의아함도 일었습니다.

저는 선생님의 국내여행담의 기행 글을 신문에서 자주 읽습니다.

"여름 동해가 코발트빛 연한 수채화라면 겨울 동해는 진한 쪽빛에 청록 물감 덧칠한 유화다. 잉크처럼 짙푸른 먼바다가 내달려 오면서 에매랄드빛이 됐다가 발치에서 옥빛으로 부서진다."(2013년 1월 10일)

선생님의 '길위에서'입니다.

어찌 바다의 여름 겨울 빛깔을 저리 대조할 수, 아니 쉽게 표현할 수 있지 - 하고 감동했습니다. 제가 보는 또는 느끼는 색채 감각을 표현할 수 있는 능력이 특히 저에게는 없기 때문입니다.

저에게는 국어학자 한 분의 지기가 있습니다. 이분의 고향이 동해의 강릉입니다. 작년 2월인가 보내온 메일에서 그쪽 바다 사진의 영상을 동봉하면서 탄하기를 도저히 자기는 바다 빛깔을 표현할 길이 없어 답답하다는 것입니다. 유명한 국어학자가 말입니다.

그래서 제가 그 사진의 영상을 보면서 다음과 같은 글로 그 답답함에 맞장구를 친 일이 있습니다.

빛깔

고향이 동해안 쪽의 분이 2월 어느 날의 바다 빛에 반했다면서,
그저 '빛깔' 이라는 무명無名으로 자기 감탄이 머문다고 했다.
환쟁이가 되었다면 그 빛깔을 제 그림에서 찾지 못해 미쳤을
거라고 탄했다.
그러면서 그 바다의 사진으로 영상을 보내면서, 그 때 그 빛의
실황實況이 여기 머문다고 생각지 말라는 것이다.
그런데
실상은 머물고 있다
끊임없이 물결쳐 왔을 너울이
한순간 숨도 쉬지 않고 머물러 버렸다
이 절대순간을 놓칠라
당신의 이기쇠(페인팅 나이프)가 발밀 화면에서

올라가면서 멀어지다가 수평선에까지 밀고 갔다
갈매기 떼가 그새 일진(一陣)의 띠를 중간에 쳤다
이놈들도 아까 함께 숨이 멎자
당신의 광기(狂氣)에 방파가 되었다
어릴 때부터 수십 년 고향의 바다 빛에
익숙한 당신이 그 빛깔에 맞는 어휘를
언어의 대해에서 찾지 못한다
그 빛깔에
당신의 숨이 머물러 버렸다
바다의 너울도 멎고
갈매기의 일진도 거기 걸려들었고

그러나
바다에 가면
바다는 그 순간을 풀어버렸을 것이다
출렁대고
당신이 작명 못한 그 빛깔의 이름이
여전히 우리에게 무명으로
갈매기 떼들의 무심으로
출렁일 것이다
미칠 것도 안타까워할 것도 없다
무심만 아니 무심마저 거기 두고
당신은 집으로 돌아오면 된다

방죽의 이쪽으로 돌아오면 된다

(12/2/29)

화답시랍시고 써 본 것입니다.

O 선생님,

'길 위에서'의 아까 그 대목을 읽으면서 그리고 부러워하면서 편지를 드리는 용기를 얻었습니다.

'길 위에서'에 동행하는 즐거움이 있어 쓴 분에게 고마움을 이리라도 표하고 싶었사오니 과히 허물하지 마시기를.

고맙습니다.

草友齋 主人(2013년 1월 21일)

[illegible] 통신 (87)

잔설(殘雪)

1

지난번의 '迷夢'에서 오늘은 '殘雪'입니다.

지금은 故人이 되었습니다만, 然靜 安相喆, 동양화가가 기억되는지요. 우선 그 아호에 반하지 않습니까. '고요함의 그러함'입니까. '자연의 고즈넉함'인지요.

이분 이름의 상설 미술관이 용인의 백석면 어느 연못가에 있다고 합니다.

제가 연정 화백을 기억하고 있는 것은 여러 이유에서입니다.

그는 제 고등학교 선배였고, 저와 同期인, 이 친구 역시 수년 전에 세상을 떴지만 응용미술의 대가 水石이라는 이름의 화가가 고등학교 시절 지리산 자락 쪽의 선배 고향을 찾습니다. 그리고 어른에게 큰 절을 올리면서 김아무개라고 아룁니다. 연정의 엄친께서 '本貫이 어디냐'고 본을 묻자, 본적인 부산을 갖다 댔다는 것입니다. 그러자 鄕士인 어른께서는 그만 돌아앉으시더라고, 이 친구 자랑처럼 전하던 기억이 아직 남아 있습니다. 세상에 '부산 김씨'라니요.

연정의 그림 유명한 '殘雪'을 본 일이 있는지요.

1950년대의 후반께의 國展에서 큰 상을 수상했던 작품이지요.

이후 어느 한국문학전집 전질의 속표지 장정으로도 내내 이어져 왔고요.

기와지붕 물결의 골에서 自生하듯 숨 쉬듯 그런 잔설이었지요.

내 眼底엔 싸락눈 흔적처럼 남아 있습니다.
요즘 눈이 그것도 폭설이 잦습니다.
그 즉후에 햇살도 따뜻이 따릅니다.
그러자 곧 잔설입니다.
잔설이라 傳說로도 혼미해 오고요.

2

다들 잔설 때문에 이 겨울이 그리 적막하지 않나요.
고요와 여운에 젖어 있는지요.
아니, 저는 사라짐에까지 취하기까지 하네요.
보니, 잔설이 아름답듯이 사라져감도 싫지 않네요.
하여, 굳이 破寂이 요하지 않는 우리들 요즈음 氣象입니다.

눈이 내린다
세상이 침묵해 간다

댓잎 하나의
저 파르르

눈이 내린다

題 · 초우재 어제

草友齋 主人(섣달그믐 낮)

초우재 통신 (88)

내 생질 그에게

병석에서 편지를 보냈구나.

부산대학 병원에서 전화를 주었을 때 내 낮은 청력으로는 네 병세를 알아듣기 힘들었단다. 그래서 효장이에게 연락했지.

이후 내 마음이 힘들었단다.

김해 조은병원을 인터넷에서 찾아보기도 했고 그 주소를 메모도 했지.

얼마나 힘드니.

나는 네가

작년인가 재작년인가 나에게 편지를 보냈을 때부터

또 초우재 통신을 받고 싶다는 말을 했을 때부터

그리고 음악을 많이 듣고 싶어 한다고, 하루는 효장이 아파트에 가서 이모부가 남긴 흔적에서 음악을 듣고 왔다는….

지금 생각하니 그때 네가 나에게 친밀해 옴을 무척 반가워하면서도 왜 내가 얼핏 쓸쓸한 느낌이 들었는지 모르겠다.

너도 만년의 고독 같은 게 찾아오는가 보다 -라고 생각했겠지. 지금 생각하니 그때부터 이승 삶의 어떤 끝자락 같은 것을 알게 모르게 느끼고 있었는지 모르겠다. 허나 이런 예감 같은 것은 어찌 너에게 뿐이랴.

이제 옛날이 되었지만 내가 너에게 네 막내누이 문제 등으로 다잡고 탓하고 했지. 네가 나에게 긴 편지를 보내기도 했지. 장남의 굴레, 돌이켜 보니 그건 너에겐 무리였고 그래서 어려움이었고 고통이었겠다는 생각이 지금에사 들구나. 많은 형제 속에 있으면서도 외로움 같은 것을 많이 겪었을 테지. 누구보다 조용하고 싶었고 자유롭고 싶었고 꿈꾸며 살고 싶었고, 그런 너였을 텐데 그러질 못했지.

혹시 죽음은 이 어려움을 아쉬움을 한꺼번에 잠재우는지 모르겠다.

김해병원에 문병하고 온 효장이도 그랬고, 내가 전화해서 알아본 동현이의 보고도 그랬고 오늘 온 네 편지에서도 그랬구나. 죽음 자체는 두렵지 않다고.

아니 순순히 받아들이겠다고.

‥아, 죽음은 고통만은 아닌 모양이야. 그 절정에는 달콤함도 오는 모양이야.

安息, 永眠, 못났던 잘났던 자기 삶의 완결, 희열로 받아들여야지. 어쩌겠나.

이 難題, 누구나 풀어야 하는 숙제인 걸.

동봉하는 초우재 통신, 내가 너에게 보냈는지 모르겠다.

맨 끝 부분이 내가 말하고 싶은 것이었는데,

죽음에서도 멋을 생각하고픈 걸 보면 나는 스타일리스트인 모양이야.

미혼의 딸 때문에 그렇다고.

엄마도 있고 오라비도 있고, 또 요새 젊은이는 우리 세대와는 달리 어떤 면에서는 매우 독립적이지 않는가.

요새 나는 친구를 만날 때마다 또는 전화 통화를 할 때 자주 '생질'이 있느냐, 그 애에 대한 사랑이 어떠했는지 묻곤 한단다.

누이의 첫 아들, 어린 날의 네가 떠올라서이겠지.

참 많이 사랑했지.
네가 더 살아서 내가 죽으면 외삼촌! 하고 불러주었으면 좋겠는데
내 바램을 네가 살려주어야 할 텐데 말이다.

조금 덜 추워지면 네 병석을 찾아갈게.
그때 우리 울지 말자꾸나.

요새는 통증완화의술도 많이 발달했으니 너무 두려워하지 말라.

草友齋 主人(2013년 1월 7일)

[illegible] 통신 (89)

병상(病床)의 너에게

1

언제였던가
김해 집 어디서 보았을 게다.
네가 근무하던 학교의 학생들 졸업 앨범 한 페이지에
그게 '황무지',
아니 'J. 알프레드 프루프록의 연가'의 첫머리

그러면 우리 갑시다
그대와 나

이 엘리어트의 영시를 영어로 칠판에 써놓고 네가 수업하는 장면이었어. 지금 생각하면 稚氣로 그러나 도도한 젊은 날의 거리낌 없는 生氣였겠지.

내 젊은 날의 책 나부랭이와 네 生氣의 날이 함께 다락같은 데 뒹굴던 우리 古家의 집에서 지금 생각하면 지나온 날의 앨범 같은 기억이야.

나는 白石 시집의 표지 사진, "고흐의 보리밭 같은 머리 스타일로 영어 강의에 열중하는 백석(1937년)", 그 등 뒤의 칠판에서 영어문장의 필기체 글씨의 선명

한 흔적을 볼 때마다,

그리고 네 첫 부임지가 통영의 어느 섬에 있는 산양중학교였지.

내가 통영을 찾을 때마다 달아공원 길의 해안을 휘돌아 너머의 山陽面으로 향할 때마다 네 생각이 났어. 대학을 졸업하고 올망졸망 하는 저 섬들의 어느 하나를 가슴 설레며 찾아갔겠지- 라고 말이다.

그러고 보니 네 젊은 날들의 얼마가 내 마음에 여태 담겨져 있구나.

그러면 우리 가세, 그대와 나,
수술대 위에 에테르로 마취된 환자처럼
저녁이 하늘에 펼쳐질 때에,
(……)
오, 묻지 말게 '그게 무엇이냐?'고,
우리 가서 방문해 보세.
방안에는 여인들이 오고 가네
미켈란젤로를 이야기하면서.

이 시의 주제와는 상관없이 꼭 우리들 요새 이야기를 하고 있는
것 같구나.
그러면 우리 가세 그대와 나

2

(……)
유리창 저 너머로
이제 떠나는 비행기에 누구에라 없이
손을 흔들고 싶던 그런 답답함으로
그런 짓눌린 일상으로
종합병원 입원실의 긴 回廊을
그대는 걸어 가보아라.
나하고는 아무런 관련이 없는 그 이유만으로는
그 긴 회랑이 무한한 자유에의 비상처럼 느껴지지 않아,
그래서 속이 답답한 날은
55병동에서 56병동에 이르는
암병동(癌病棟)의 어두운 길목에서
나하고는 관련 없는
사람들을 떠나보내어 보아라.

그 이유만으로, 관련 없다는
그 이유만으로
속이 답답한 날
그래서 하루의 일상에 짓눌리는 날,

손흔들 수 있는가
우리 손흔들 수 있을까.

내가 1992년엔가 '우리 손흔들 수 있을까'로 제하고 쓴 시,

먼지를 털면서 시집을 들추고 그리고 오늘 아침 네 쉰쉰 목소리를, 먼 병상에서 사그러들 듯하다가 숨가빠 오던 네 목소리를 들으면서 이 걸 뒤적였단다.

손흔들 수 있는가
우리 손흔들 수 있을까.

3

"2월은 잘 견디어 낼 것 같습니다. 대학병원 측의 예상대로라면
4월, 5월경이 문제일 것 같습니다.
5월 생일이라도 한 번 더 맞고 싶은데 모르겠습니다.
욕심이 과한지 모르겠습니다. 이만 줄입니다." (2월 14일)

병상에서 나에게 보낸 네 두 번째 편지는 이렇게 끝나고 있구나.

그 웨일즈 출신의 베이스 바리톤 브린 터펠의 대니보이 절창을 들을 때마다 나도 죽을 수 있다고 꼬리겨우살이 꽃들 뒤의 저 파란 하늘에 나도 뛰어내릴 수 있다고

몰라 그건 아무도 모르겠다

어느 겨를
겨우살이 꽃의
꼬리를
내가 붙잡고
늘어졌는지는

(題, 꼬리겨우살이) *꼬리겨우살이... 겨울나무의 앙상한 가지 사이에서 꽃들이 노랗게 모여 핀다

·· 아
작년 겨울엔가 쓴 것이다.
너 병실의 창 너머에 겨우살이 꽃이 이 겨울에 보였으면 좋겠다.
그 꼬리를 붙잡고 늘어질 수 있게 말이다.
내 긴 잔소리에 피로하겠다.
쉬어라.
브린 터펠의 절창 '대니보이'를 어떻게 들려줄 수 있을까
병상의 ··에게.

외삼촌

통신 (90)

곤드레만드레

안녕하십니까.

요새 곤드레 맛에 빠져 있는 서울의 와룡 노옹입니다.

며칠 전에는 닭을 사 와서 보내주신 황기와 함께 고와서 여름철 보신까지 했습니다.

메밀가루는 아직 아끼고 있습니다.

그 많은 곤드레를 어떻게 보내셨는지요.

바깥에서 '와룡 교수'를 찾는다고 택배 양반이 소리쳐 와서 얼핏 그런 분이 누군가 하고 대꾸를 못했습니다. 제가 태백의 매이 씨에게 - 그 전 카나다 시절 때부턴가 - 전자 메일이나 편지를 보낼 때 그 재미나는 호칭 - 1970년대쯤인가의 김희갑 열연의 '와룡선생 상경기' 영화에 나오는 - 을 빌려서 한동안 쓰곤 했는데, 이후 그 이름을 깜박해버렸으니까요.

두 박스를 안고 들어와서는 저와 제 노처는 하나는 '곤드레'이고 하나는 '만드레'일 거라고 하고는 웃었습니다.

너무 많은 선물이어서입니다.

처음에 전화 주셨을 때, 아니 두 번째일 것입니다. 비가 며칠 와서 밭일이 제대로 안 되어 늦어졌다고 하셨지요. 그 말씀 듣고 저는 참 많은 생각을 떠올렸어요.

여량에 있는 제자 집에 오랜 전에 들렀던 일이며, 임계에 친구 神父와 함께 들렀다가 여관방 창 아래의 마늘밭 내음에 취하면서 들었던 개구리 울음소리에 반가워 잠 못 이뤘던 참 좋았던 기억도 떠올렸지요.

그 정선 땅에 '곤드레' 밭이 있고 그 잎들이 비를 맞는 우중풍경도 생각곤 했습니다. 며칠 동안 제 집안은 곤드레 향이었습니다. 그에 취하곤 했지요. 매이씨에게서 설명을 듣기도 하고 인터넷에서 찾기도 해서 제법 장아찌로 담그기도 하고 꽁치나 정어리 끓이는 데 넣어서 입맛을 돕기도 하면서입니다.

그 야생 선물의 상자에 적힌 주소를 살피니까 '교육청 관사'로 돼 있었습니다. 제가 초등학교 다닐 때 학교 뒤울타리 바깥에 담임선생이 사시던 '사택(舍宅)'이 있었습니다. 마을의 집들과는 달리 목조 외벽의, 지금 생각하면 조그마한 신식건물이었는데 우리들이 사는 농가와는 달라서 이런저런 꿈을 느끼게 했지요. 그 꿈에서 이제는 제가 양옥(?)에서 살게 된 것이 아닌가 하고 웃어 봅니다.

이 제 집에 '草友(雨)齋(초우재)'라고 이름 붙여 제법 멋 부린다며 살던 시절에는 아주 오래 된 고옥이었습니다. 그걸 헐고 새로이 집을 지었지요. 그게 완성되었을 때가 아마 카나다에 있던 매이 씨 가족이 돌아올 즘이었을 것입니다. 일층의 한 쪽은 은행나무 가인데 그때 동생 가족들을 떠올리곤, 서울에 살면 여기에 머물게 해 주면 좋겠다는, 그러나 산언덕 길의 맨 높은 집이라 두 꼬마의 학교 길이 쉽지 않겠다는 괜한 걱정도 하면서였지요.

그 좋은 고향 길 태백이 기다리고 있는데 말입니다.

저희 집 뜰의 그 은행나무 수 암의 두 巨樹를 지난봄에 댕강 짤랐습니다. 크레인 차까지 동원된 벌목이었습니다. 태풍 시절이면 늘 따랐던 걱정 때문이었지요. 그 많은 노란 은행잎들의 낙엽을, 그리고 숱한 은행 알을 올 가을부터는 볼 수 없게 되었습니다.

지난 가을 주웠던 은행 알이 얼마 남아서 한 줌 - 그야말로 한 줌, 정선 그 관사로 보냅니다.

육상(陸上)으로 수천 리를 돌아온 시절의 선물, 송이의 향기가 한꺼번에 가을을 실어왔다. 보낸 이의 마음씨를 갸륵히 여기고, 먼 강산(江山)의 시절을 그리워하면서, 나는 새삼스럽게 눈앞의 가을에 눈을 옮깁니다. (이효석 '청포도의 사상' 첫머리)

송이가 아니라 곤드레 -입니다.
그리고 가을이 아니고 봄입니다.
고맙다는 말씀 이리 늦게 드립니다.

강원도 정선 땅, 매이 씨 언니께

草友齋 主人(2013년 6월 18일)

초우재 와룡

통신 (91)

'살구'로 주고받은 이야기

1

마침 밤늦이가 지면서 밤송이가 맺히는 사진을 찍어온 게 있습니다. 누이가 그 꽂, 그 많은 꽂술에 밤송이가 몇 개 달리냐는 질문을 받은 차에 마침 좋은 교육 자료가 있어 담은 것입니다. 그 많은 수컷들이 저 한 송이를 위해 목숨을 걸었을 것을 생각하면 세상의 주인은 그 반대 컷이 분명하겠지요?

살구 따러 간다고 하였으니 살구 장면도 하나 보냅니다. 지금 집에는 살구도 그득하고, 또 96세 할머니가 손수 뜯어 준 비름나물도 푸짐하여 식탁도 마음도 요 며칠 가득가득하답니다. (모산; 2013/7/8)

2

살구야
살구야
너만 살구냐
-할망구 보고
웬 노래냐고

했더니
짱구야 짱구야
너만 짱구냐의
패러디- 라길래
망구야 망구야
너만 망구냐
-나는 대꾸했다
그렇네
살구야 살구야
너만 살구냐
친구야 친구야
그렇지 않는가
오
따먹지 못한
사랑이구야
사랑이구야

(모산의 '살구'사진 보고, 남정)

3

모산,

강릉 가서 사투리만 채집하고 오신 게 아니었군요. 한 바구니 싣고 왔다는 살구 그것 모산 댁 마당에서 따온 건가요? 통통한 살구가 오밀조밀 달려 있는 사진을 보고 저는 '자몽'나무로 착각하지 않았겠습니까. 자몽나무를 본 적이 없는 제가 오래 전에 grapefruit라는 영어이름의 유래를 궁금해 했더니 우리 학과의 한 분이 그 큰 열매가 마치 포도송이처럼 주렁주렁 매달려 있기 때문에 그런 이름이 붙게 되었다고 하더군요. 지난 주말에 인근에 새로 생긴 COSTCO에서 자몽 한 상자를 들고 오면서 그 나무를 혼자 마음속으로 상상해 보았기에 제가 그만 그런 생각을 떠올리게 되었던 모양입니다.

그런데 그 살구라는 것 말입니다. 그걸 한 번도 사서 먹은 적은 없습니다. 으레 동네에서 얻어먹었기에 그럴 겁니다. 그것도 한두 개씩 얻어먹는 것이 아니고 적어도 큰 바가지로 가득히 얻어 오곤 했지요. 먹고 남은 씨를 깨면 속에서 행인(杏仁)이라는 한약재가 나왔는데 그걸 동무들끼리 한 움큼 모와서 이웃 한약방에 들고 가면 한복 바지저고리 차림의 의원은 계피(桂皮)와 바꿔 주곤 했답니다.

돈을 내고 사먹는 데 대한 거부감으로 말하자면, 살구 말고 감에 대해서도 똑같이 느끼고 있습니다. 제 기억에 외지의 장사꾼들이 와서 감을 사가지고 가는 것은 보았지만 적어도 우리고장 점방에서 감을 진열해 놓고 파는 걸 본 기억이 없습니다. 감이라는 것은 으레 뒤뜰에서 따먹거나 이웃에서 얻어다 먹는 것이었거든요. 그러니 이 나이가 되도록 아직도 저는 살구뿐만 아니라 삭힌 감이나 홍시를 돈과 바꾸는 데 대한 거부감이 있을 수밖에요.

그건 그렇고 –

남정께서는 살구를 두고 재깍 멋진 즉흥시를 한 수 읊으셨네요. 그간 가벼운 해학을 곧잘 농(弄)하신다 했더니 이번에는 아주 본격적으로 나서신 듯합니다. 한 패러디를 다시 패러디하면서 멀리 이솝까지 끌어 들이셨군요. 아직은 잘 모르겠습니다만 남정의 시작경지(詩作境地)가 혹시 바뀌는 게 아닌가 싶을 지경입니다. 마치 피카소가 블루에서 핑크로 바뀌었듯이 말입니다. (우계)

4

우계의 샘도 남정의 그것만 못하지 않아 꼭지만 틀면 콸콸 쏟아지네요.

감은 저도 사 먹지 않게 됩니다. 오징어도 그렇고 감자는 물론 그렇고.

우리는 살구씨를 양쪽을 갈아 구멍을 내서 그 속을 파내고는 줄을 꿰고 뱅글뱅글 돌리며 놀았지요. 그리고 살구의 신맛을 삭인다고 그릇에 담아 쌀독에다 하루 이틀 두었다 먹었는데 쌀독에 들어앉았던 살구의 그 환하던 모습은 지금도 아련하답니다.

이번 살구 사진은 한 informant 마당에 있는 것입니다. 지난번 메일에 그랬듯이 살구가 익었는데요 하는 전화가 와서 이번엔 거기에 맞추어 갔던 것입니다. 그런데 살구뿐 아니라 매실도 한 자루 얻어다 지금 술을 담아 놓았는데 신청하시면 한 병씩 분양하겠습니다.

살구, 그것은 고향이다. 복숭아꽃 살구꽃 아기 진달래, 노래에서도 살구꽃을 고향의 꽃으로 읊지 않았는가. 꽃도 따뜻한 고향이요 열매도 발그레 포근한 고향이다. 살구는 고향이다. 그렇지 않나요. (모산)

5

하, 살구얘기라면 제가 빠질 수 없죠. 저의 보광동 집은 언덕 위의 집이었습니다. 집 주위로 치마폭같이 둘러 있는 언덕의 사면에 감나무는 한 그루, 앵두나무도 두어 그루가 있었는데 살구나무는 열 두 그루나 있었답니다. 봄이 되어 꽃이 필 때 학교 파하고 돌아오면서 언덕 아래의 길에서 집을 올려다보면 흰색과 아주

연한 연분홍 살구꽃 속에 우리 집은 추녀 끝하고 용마루만 보였습니다. 꽃구름 속에 떠 있는 선궁(仙宮)이었지요.

꽃이 지고 살구가 열려 익으면 그 빛깔도 빛깔이려니와 싱그러운 향기가 참 좋았습니다. 살구가 하도 많이 나니까 어느 해에는 대광주리에 몇 접씩 넣어 리어카에 실어다 갖다 팔기도 했답니다. 그러니 집에는 살구가 지천이었지요. 나무는 다 같은 것 같아도 꽃 색깔도 조금씩 차이가 났고 특히 맛이 영판 다른 놈도 있었습니다 -물렁하고 싱거운 놈, 단단하고 새콤한 놈 등. 이 단단하고 새콤한 놈이 잘 익으면 맛이 좋지요. 저야 언제나 가장 농익은 것을 마음껏 골라 먹었지요.

모산, 살구가 고향이라고요? 옳습니다. 고향이 없는 저에게 살구나무로 둘러싸인 보광동의 그 옛집이 고향처럼 그립습니다. (백초)

*이상은 숙맥동인 모산(이익섭) 우계(이상옥) 백초(김명렬) 남정(김창진)이 지난 7월 어느 날 전자메일로 주고받은 것입니다.

草友齋 主人(2013년)

꼴랑 시집 하나로

오수(午睡) 형

오늘 아침도 어제처럼 -5도까지 내려가는 날씨라고 합니다. 손주 애들이 학교 가는 데 얼마나 추울까를 생각다가 이제는 S초등학교 앞거리에서의 형을 떠올립니다.

그날 반포에서 점심하면서 모산(茅山)이 들려 준, 형의 퇴직 후의 이른 아침의 나날에 대한 이야기는 그 시각의 신선감처럼 제 마음에 남아 있습니다.

그 길의 학교 입구쯤의 꽃집 가게 처마에 매단 매번의 꽃들을 영상으로 담는 여교감 선생께 제 들꽃시집을 선물하셨다면서요. 또 그 여선생에게서 남자 교감이 자기보다 꽃을 더 좋아한다는 얘기를 듣고는 그분에게도 선사하셨다면서요.

동화같이 들렸습니다.

시집을 선물하려고 동네 가까이의 책가게에 들렀더니 없어서, 멀리 약수 전철역께의 다른 곳에까지 나서서 주문해 놓고, 며칠 뒤의 약속 시간에 찾아가선 또 한두 시간을 기다려서 다섯 권을 손에 넣을 수 있었다면서요.

점심 자리에 오시면서 모산에게서 받은 그 시집을 들고 와서는 제 사인을 구하셨고, 그리고 식후 입맛으로 사과 봉투까지 들고 오셨지요. 근년 시골에 가서 과수원을 일궜다는 작은아드님의 작물이라면서 밥상에 올렸습니다.

수년 전에 세종로께의 금호아트홀에서 모산이 초대해 준 피아노 연주 때 뵙던 모습을 떠올리며 미처 알지 못했던 오수형의 面影에 놀랐습니다.

그리고 반포에서의 점심 후 귀로의 제 차속에서 들려주시던 북아현동 시절이며 전란기의 고향 김포에서의 생활 등은 우리시대 사람의 한때의 꿈길인 듯 제 마음에 스치곤 했습니다.

참, 그 점심자리에서 약수역께의 그 책방 이야기에 모산의 다른 이야기가 뛰어들었지요.

영월인가에 사는 인디카-야생화 동호인 모임- 여회원 한 분이 서울에 올라와서 자기에게 한 인사 전화에서 '선생님이 주신 그 들꽃시집을 서울 친구가 선물로 시골에 우송해 주어 다시 반가웠다'고 하더라면서, 이 무슨 우연이냐 싶게 덧붙이기를, 그 서울 친구가 바로 약수역께의 그 책방 주인이었다고 하셨지요.

제 서툰 책 한 권이 재미나는 이야기를 이리 엮을 수 있다니, 저는 그 자리에서 참 많이 감격했습니다. 제 어쭙잖은 글로 해서가 아니라 거기 나온 야생화 사진들의 아름다움 때문인 데도 말입니다.

형이 저랑 점심을 함께 했으면 좋겠다는 말씀을 모산에게서 들었을 때 저는 고맙고 영광이라고 대답했지요. 뿐만 아니라 이 모임 소식을 듣곤 양포(陽圃)형이 함께 하겠다고 하셔서 저는 황공하고 송구스럽기까지 했지요. 오래 전이기는 하나 몸이 불편하시다는 소식이 있었음을 언뜻 떠올렸기 때문입니다. 양포형은 저와는 고등학교 동문이어서 마음은 가까웠으나 제 집 동네의 E대학에 재직할 즈음에도 제가 쉽게 뵙지 못했기 때문이기도 합니다.

그런데 그날 추운 날 멀리서 불편한 몸으로 그 자리에 오셨으니, 그리고는 점심값을 기어이 셈하셨으니, 저로서는 참으로 고맙고 미안했습니다. 그 자리에 가면서 양포형에게 늦게나마 드리려 책을 들고 갔으나 벌써 모산에게서 받았다고 하셨으니, 그러니 그 시집을 읽으시곤 오신 것이겠지요.

제 '꼴랑' 시집 하나가 노년의 우리를 옛 인연으로 불러 줄 수 있었다니, 제 딴에는 이리 자랑스러이 기분 좋아하고 있습니다.

그날 그 자리에서였던가요. 아님 귀로의 제 차속에서 헤어지면서였던가요. 제 물음에 쑥스러워하시면서, 그 초등학교 앞길의 애들 안전교통 도우미를 하러 아파트 단지의 댁에서 출발하는 시간이 아침 7시 40분경이라는 말씀을 듣고는 지나가는 말처럼이긴 했으나 뭐라고 여쭈웠는지 떠올릴 수 있는지요.

'옷 따뜻이 입고 가시느냐'고 했을 것입니다.

오늘 영하 5도 곤두박질 날씨의 아침이어서 형을 생각했습니다.

저는 벌써 두문불출의 '요와무시〔弱蟲〕'로 칩거하다시피 하고 있으니 부끄럽습니다.

날이 풀리면 한 번쯤 형의 동네의 홍대 뒷문께나 앞동네를 찾아뵙고 싶습니다.

양포형께는 아직 인사 못 드리고 있습니다. 봄이 오면 올림픽촌이라 하셨던가요 그 동네에도 뵈러 가보고 싶습니다.

학교에 방학이 오면 우리 오수형께서도 애들처럼 쉬게 되겠습니다.

저는 매일 쉬고 있어 그런 기다림이 없네요.

그날 너무 고마웠습니다.

草友齋 主人(2013년 11월 29일)

[illegible] 통신 (93)

내 생애의 변주

1

M형

초대해 주신 그저께 밤의 ㅎ교수 연주회에서 들었던 베토벤의 디아벨리 변주곡을 지금 틀어놓고 있습니다. 이 곡으로 데뷔와 동시에 탄탄한 커리어를 정립했다는 표트르 안데르제프스키(Piotr Anderszewski) 연주의 CD입니다. 지금, 그날 밤 졸다시피 그러나 감동적으로 꿈길에서 듣는 듯했던 20번인데 한낮 오늘은 그렇지 못합니다.

"베토벤을 어느 정도 알고 있는 이들에게는 너무도 오묘하고 흥미로운 작품인 동시에 그렇지 않은 경우에는 당췌 주제를 가늠할 수 없다는 극악의 지루한 변주곡"이라는 어떤 분의 언급에서처럼 제가 '그렇지 않은 경우'라서인지요.

그런데 그저께 밤의 연주에서는 '너무도 오묘하고 흥미로운 작품'으로 저를 깨웠는데 말입니다.

'생(生)'이라서인가요. 생음악의 그 현장감에 취해서였는가요.

그렇게 초대해 주셨는데, 이번에는 제 감상의 독백이 좀 늦었습니다.

가을날 그 버버리 코트의 깃을 세우지 못하고, 그것도 차를 몰고 돌아왔기 때문입니다. 작년인가의 연주회에서 돌아오는 길은 제가 이러지 않았는데 말입니다. 포장마차의 가스등 불빛에 취객들의 열기가 얼핏 창백해 보이던 가을밤의 조금은 어수선한 거리에서 조금 전에 듣고 나온 피아노 소리에 조금은 비틀거리면서, 그리고 버버리 코트의 깃에 목을 옴추리고, 뿐이겠습니까.

버스 종점에서 내려 산자락의 초우재에 오르면서

그날밤의 베토벤의 후기 피아노 소나타의 연주를 듣고 있으면, 아니 그 피아노 소리 하나하나에 따라가면

아, 사람에게 있다는 영혼이라는 것

작곡자의 그것,

연주자의 그것,

심지어 그것에 취했던 나의 그것까지.

비탈에 숨이 가쁘면 버버리 코트에 걸친 머풀러를 풀면서 움추렸던 목을 곧추세우면서 숲의 밤길에 더욱 취했던 것,

이번에는 그만 멋없게도 '편하게' 차로 그 비탈을 단숨에 올라와버렸기 때문입니다. 연주 여운을 차가 그만 차단해버렸다고 변명해야겠습니다.

그러나 이번 베토벤의 여섯 바가텔과 서른 셋의 디아벨리 변주곡 연주회도 내가 잊고 있었던 그 '영혼'이 반딧불처럼 빛나 왔어요.

내면의 잔잔한 호수면에 내가 던져 본 작은 돌멩이 하나가 일으키는 몇 파장의 물결뿐이었는데, 어째 저 영혼은 미처 몰랐던 우리의 내면에 저 많은 끝없는 파장을 파고도 높게 그리곤 잔잔하게 물결치게 할 수 있는지요.

2

"변주라는 것은 한 번 나타난 소재(주제, 동기 등)가 반복할 때 어떤 변화를 가하여 연주하는 것을 말한다. 변주된 소재는 당연히 원형과 다른 상태에 있으나 변주의 빈도가 높고 낮고 간에 원형의 연결은 유지되어야 한다.

즉, 주제가 극단적으로 변주된 결과 원형과는 아무 관련도 없는 것 같은 상태에 있을지라도 그 중에 원형과의 관련성이 어떤 형태로든 잠복하여 있다. 그것을 발견함으로써 그와 같은 변주가 원형에서 어떻게 유도되었는지를 알 수 있다." (위키백과)

'변주곡'에 대한 이 설명에서 나는 사람의 일생도 이런 것일 거라는 느낌을 가집니다.

우리 본디 모습인 유전자, 아니면 그 작은 영혼이 살아가면서 알게모르게 이루는 주제 - 에 우리는 얼마나 많은 변주를 연주했을까요.

"변주의 빈도가 높고 낮고 간에 원형의 연결은 유지되어야 한다."는 작곡 원론과는 달리 우리의 인생의 그것은 '절로 유지되'어 오는 것이 아닐까 싶네요. 그래서 우리의 생애도 "원형과의 관련성이 어떤 형태로든 잠복하여 있다."로 들립니다.

"그것을 발견함으로써 그와 같은 변주가 원형에서 어떻게 유도되었는지"

아, 그 원형은 내 '영혼'입니까.

내가 세상에 태어나 등잔의 호롱불빛에 눈뜬

그 '작은' 것의 출발에서인가요.

난생 처음 처음부터 끝까지 들어 본 한 변주곡에서
전생애를 돌아보게 되네요.

3

“제가 디아벨리 변주곡을 처음 들었을 때 정말 지겹고 이상한 곡이라는 생각을 했어요. 연주를 준비하며 공부하고 연습을 하다보니 그런 생각이 조금씩 없어지는 중이지만 여전히 난해한 곡이라는 생각입니다.” (이 날의 피아니스트의 어느 대담에서)

그날, 그러니까 그저께 밤, 금호아트홀에서는 그 곡이 저에겐 전혀 ‘난해’하지 않았습니다. 그 곡을 처음 듣는 자리에서였는데도 말입니다.

그건 연주자의 영혼 때문입니다.

M형,
이 감동과 고마움,
가까이의 연주자에게 전해 주십시오.
그리고 초청해 주신 형에게 늘 고마운 마음입니다.
내년 가을 초대에는 노옹 버버리 코트를 걸치고 갈께요.

草友齋 主人(2014년 10월 15일)

통신 (94)

꽈리, 그 주홍의 불빛

지금 한밤중,

동해안에서 돌아와 여독이 있었던 듯 일찍 누웠는데, 마치 시차에서 오는 밤과 낮의 혼란처럼 새벽 세 시에 눈을 떠 정신이 그만 맑아 버렸네요.

전등을 켰는데 두 줄의 현광 중의 하나만 들어와 방이 밝지 않습니다.

어제 저녁에 돌아와 책상에다 주섬주섬 내어 놓는 주머니 속의 것들 가운데 주홍색의 하나에 내 눈이 환했어요. 동해안을 하행하다가 정동진에 이르기 직전의 바닷가 모래밭에 M형이 우릴 풀어놓았을 때 다들 꽃들을 맡노라, 희한하게도 방목된 양들인 양 여기저기를 주섬거리는데, D선생이 길가 어느 집 밭머리에선가에서 주워온 꽈리 하나를 '아, 이 색깔이어!' 하며 내 눈에 내밀었던 것입니다.

이걸 어찌 간수할 수 없어서 그냥 호주머니에 넣었습니다. 그리곤 마음을 딴 데에 내내 놓느라 잊어버린 모양입니다. 알다시피 꽈리 꽃은 황백색이고 꽃받침이 자라 껍질이 되잖아요. 그 속의 열매보다 우선은 그 빛깔의 주황색으로 물들어감에 머슴아도 노년에까지 반하지요. 그런데 그 빛깔의 절정에 이른 내 주머니 속의 그것이 그만 좀 짜부라졌댔어요. 꽈리를 부는 그 열매는 어디 갔는지 안 보입니다.

어릴 때의 종이접기 기억이 났어요. 바지를 접고 그 속에 입 바람을 불었던 현장감까지 떠올리는 기분으로 주황색 꽃받침 속을 내 입술로 열었어요. 그런데 말입니다. 그 질감이 꽃의 그것 같지는 않았어요. 풀 먹은, 가을날 오후의 팽팽해진 한지의 까스름 같은 느낌이었어요.

그 한지가 창호가 되는 등잔을,

그리고 그 불빛을

그 불빛의 따스함을,

그것이 새벽 세 시의 내 방의 밝기에 심지를 돋웠다고 믿어 주실래요.

이 불빛 아래서 편지를 씁니다.

'램뿌니 히오 도모시대 아나다니 대가미오 가꾸'

(남포등에 불을 밝혀 그대에게 편지를 쓰오)

이 연애편지의 첫 문장은 한 시대 일본 젊은이들의 상투가 되었지요.

내가 그런 흉내를 내고 있는 것 같네요.

동해의 강릉에서 뿔뿔이 헤어졌지만 나는 C의 차에 동승했습니다.

고속도로 어디의 간이 주차장에, 앞서 달리던 W형이 차를 세우고 이번 대관령의 영서와 영동을 이었던 동행에 굿바이 인사를 하고, 우리는 둔내로 빠져 나오고 그리고 6번 국도를 따라오다가 용문산 다음의 한역(閑驛)에 차가 우리 둘을 풀어주었지요. 그 앞마당의 나무 아래 간이의자에 앉았지요.

그리고 우리는 약속이나 한 듯 말이 없었어요. 이번 여행의 큰 여운이 둘을 순간 덮쳤던 모양입니다.

또 사실 할 말이 없었고요.

고속도로에 들어서면서부터 꼬불꼬불하고 긴 국도를 따르면서 우리는 내내 많은 이야기를 주고받았으니까요.

이번 여행을 주도한 M형부터 얘기했지요.

나는 여행길에서 그를 깃발의 가이드라고 웃으면서 놀리기도 했지만, M형은 대관령을 넘으면서 변하는 우리들 氣像에 맞추어, 紀行 작품들을 펼쳤어요. 그래서 우리는 그를 강릉 아니 동해 전시장의 큐레이터라고, 같은 생각을 맞추면서 환호했어요. 몇 년간 우리가 그리 동해 나들이를 졸랐는데도, 그는 그 동안 작품을 만들고 있었던 모양입니다. 대미를 에티오피아 커피 향에 젖게까지도 했으니.

근년의 봉평 행사에서 보와 왔지만, W형에게서는 매사에 숨어 있는 성격적 깔끔함이라든지, 그날 메밀꽃밭께의 무대(이효석문학상 시상식)에 오르내리시는 경쾌한 도보 행진에서 본 떠나지 않는 '젊은 날', 매매 순간의 淡泊한 결정, 품위의 간결성에 이르기까지 건방지게도, 말맞추다시피 우리는 많이 혹했으니.

'헐러헐러(흘러흘러)' 떠돌다가 우리 舍廊에 들린 過客,

D선생은 이 구월에 청포를 입은 손님처럼 나타났으니,

바닷가나 솔밭에서나 꽃패들이 그 작은 존재에서 우주라도 발견한 듯할 때 그는 저만치에서 풀냄새에 취하면 아무데서나 펼치는 펜화, 그 온통의 빠짐, 저 끼를 누르면서 어찌 그는 대단한 학자의 길에서 안온했을까.

참, 에티오피아 찻집으로 차머리를 돌려 갈 때,

M형 차의 앞좌석에서 D선생이 꾸벅 졸고 있을 때였어,

오른 쪽 밭도가리 너머 마치 걸어나 들어갈 수 있었던 고샅길이 꿈결에서 보인 듯이, 동네의 숲 머리를 지나가고 있는 듯했을 즈음이었어,

그때 M형이 나에게 살짝 그러면서 지나가는 말처럼, 저 숲길에 들어서면 자기의 생가에 이른다고, 차는 달리고 있었고 그래서 나는 차를 세우지 못했어요.

백일홍이 지금쯤 활짝 피었느냐고 그의 고택의 근황을 강릉 입성머리서부터 물었으니까. 벌써 감동해버려서였을까.

나는 원덕역에서 C와 헤어지고 전동차에 올라 지나가는 바깥 풍경에 멍해 있

으면서도 사람에게 자기가 태어난 생가라는 것, 어릴 때 자랐던 고향 집이라는 것 생각했어요.

내 고향에서는 친구들에게 내 생가를 어떻게 설명할 수 있을까. 평야 벌판에 띄엄띄엄 외딴 동네들처럼 진 쳐 있었던 마을, 내 의식이 지금껏 기억하고 있는 조그마한 와옥, 이 집을 지으면서부터 내 생애의 처음이 시작된 듯했지. 그 이전엔 초가였을 거야. 낙동강 홍수의 범람에 온 고을이 떠내려 갈 때 그래서 깜쪽같이 사라질 수 있었겠지. 얼마 전에 무슨 일로 호적등본을 떼보곤, 그 동안 눈여겨보지 않던 출생과 사망의 기록들을 훑다가 내 출생지가 내 고장에서 십리 아래 길의 다른 고을임을 새삼 발견했네요. 그 지번(地番)의 터가 어딘지 어찌 한 번도 찾으려 하지 않았을까.

내가 중앙선 전철 이촌역에서 4호선으로 바꿔타고 그리고 서울역 앞 지상의 버스 환승장에서 동네로 가는 버스에 오르고 종점인 절간 앞에서 내려 색을 짊어지고 지팡이를 짚으며 느릿하게 밤 산길을 걸으며 집을 찾아갔지요.

그러자 나는 어느새 바다에서 멀어져버렸어. 거짓말같이 온전히.

어저께 밤 바닷가 가게에서 늦은 저녁을 하고 눈앞의 모래사장에서 파도를 그리 보아놓고 말이지.

누구의 절창처럼

'파도야 어쩌란 말이야'*

M형과 나는 밀려오는, 아니 저쯤에서 갑자기 떼 지어 솟구치는 파도의 전열(戰列)을 보자 아무 말도 못하고 이 ○○의 시행만 되풀이했지. 마치 주문을 외우는 것처럼.

이제 나는 그에게 어찌 시인이 안 되었냐고 물을 수 없게 됐어.

밤바다의 그 신비의 요동을 보고 난 뒤에는.

'내 숨막힘을 어쩌란 말이야'

밀려오는 물결이 발 앞에까지 와선 모래사장에 이리 소리치며 쳐받고는 끊임없이 되돌아서는 것 같았어.

나에게 생가나 고택이 남아 있으면 닭이 목청껏 우는 소리를 들을 때가 되겠다, 지금쯤은.

촛불을 꺼야 하리,

나는 주황색 꽈리 등잔의 심지를 낮춰야 하리, 쯤이겠지.

그리고 잠들면서

내가 평창의 대덕사 골짝에서 선자령 산정에서

꽃들의 이름을 듣자마자 잊어버리는 것은

그들을 다시 산으로 돌려보내고 싶어서,

내 좀스런 詩想에서 놓아주고 싶었고

되내며 되내며…….

초우재에서 잠들었습니다.

草友齋 主人(2014년 9월 16일)

*유치환의 시 '그리움'의 일절

통신 (95)

우계 그리고

제가 토요일 밤에 심심한 모양이죠.

아침 열 시에 출발해서 오후 네 시에서야 돌아왔어요.

상일동(강동구 고덕동 근처, 5호선 전철역 종점)에 있는 성당에 다녀오느라고요.

그애가 몇 년 전까지 해마다 빠지지 않고 스승의 날인가에 꼭 화사한 꽃다발을 꾹대기 초우재까지 택시를 세워놓고 주고 갔어요.

H여중의 영어교사로 있다가 지금은 퇴임하고 필리핀이니 캐나다니 대안학교에 가서, 그래저래 '자유인'입니다. 얘에겐 딸만 둘 있는데 작은 애는 벌써 출가했고 오늘은 나머지의 첫째가 시집가는 날이었어요.

예식 홀의 입구에서 내외가 혼주로서 하객을 맞는데 그애의 남편이 날 보자 반가워 껴안았어요.

내가 한 때(70년대 중반) 어떤 까페에다가 고전음악을 크게 틀어놓고, 그리고 밤에는 주 3일은 조그마한 타원형의 연극무대를 열어놓고 한참 딴에는 객기라는 걸 난생 처음 부리고 있을 때 거기 이들 두 남녀가 자주 와서 사랑에 가까워지고 있어 알았지요. E여대 정문 바로 옆께 자리에서입니다.

그런데 오늘 신부의 어머니, 그애와의 인연의 처음은

내가 고등학교에 있다가 E여대와 S대에 시간을 얻어서, 입에 풀칠하느라 광화문께의 한 대학입시 학원에 나갈 때, 거기 교실에서였습니다. 다른 애들과는 달리 생머리가 치렁치렁 했어요.

각설하옵고
이제는 다른 얘기로 옮깁니다.

파일 첨부의 사진, 한 서양화에 얽힌 얘깁니다.
먼저 물어야겠네요.
이 모사(模寫) 작품의 원작 이름과 그 화가가 누구일까요.
(어제는 한 난초 이름을 묻더니.)
이 그림의 고급액자 채 나에게 밀어올린 애도 그즈음의 그애들 중 한 애였어요. 오늘의 그애보담 뒤 해일 것입니다. 수업이 파한 쉬는 시간 강사실에 날 찾아와 선 종로 바닥의 명화 모사 파는 데서, 유명한 이 그림이 좋아서 구했다는 것입니다.
그땐 이 작품의 원작자와 작품 이름을 들었을 것입니다.
많은 세월이 흐르는 동안 그만 잊어버렸어요. 허나 그애의 얼굴은 지금도 떠올릴 수 있습니다.
어제의 난초와는 달리 오늘의 제 '모사 그림' 사진 실력은 영 엉터리입니다. 반듯한 액자의 네모를 비뚤게 했으니까요.
이 그림의 원작을 혹시 알 수 없을까요.
M형은 '죽기 전에 꼭 보아야 할 그림 1001'도
B님은 규수화가의 따님도 옆에 있으니
그리고 C낭은 요즘 그림그리기에 빠져 있는 듯하니.

이 시월 토요일 밤, 23시에 시작하는 '명화의 시간'을 기다리느라 제가 심심한 모양입니다.

언제나 그림에 밝은 W에게

남정(2014년 10월 11일)

통신 (96)

그 실핏줄에서 숨쉬고 있을 것 같은

H S에게
네가 보내준 그림엽서의 선마을 마음습관,
앞뜰 눈바닥과 안개꽃이 감겨 있는 듯한 裸木,
그리고 말이다.
그 노오랗고 환한 불빛,
네 고독이
아니 꿈이 배어 있을 것 같다는
생각을 하면서
그 엽서의 그림을
요 며칠 새 내내 보고 있구나.
얼마간은 할 말문이 열리지 않을 것 같아,
그냥 내 시 근작 두서넛을, 더욱이나 마지막 시의 끝 서너 줄을
홍천의 두메에 있는, 중병 후유를 다스리고 있는 너에게 우선 보낸다.
현숙에게 빛을.

2014년 12월 17일

가을 밤비

세상 사람들이
잠들고 있을 때
가을이 꼬박꼬박

깊어갈 때
어찌 이 한밤 비가
도둑처럼 왔다가지
아침엔
햇살이 은행잎에 와서
저리 빛나고
살짝 오간 빗줄기
왜 멀어져 가는지
네가
대꾸 없듯이

(14/11/12)

낙엽

오늘 영하 아침
바람 때문인가

그 잘났던 거목의 은행잎이
우수수 다 떨어졌다
순간에 져
바닥에 보루처럼
우리의 무덤이 따뜻할 것이다
집 앞 산자락에 목사의 기도소가
이제는 비었다
지난 초여름에 돌아가셨지만
이후 내내 앞마당과 거기 이르는 긴 길을
한 독신자가 아침 일찍 언제나 쓸었다

그 빗질 소리에 내 아침은 깨고
그 정성에 조금은 무서웠다
내일 아침에는 들리지 않을 것이다
그 영혼이 낙엽을 밟고 올 것이다
그러나 한 번쯤
이 가을에 회의에 빠지길
영혼도 우수수
떨어질 것을
그래서 벌거벗은 나무가
아름다운 것을

(14/11/13)

저녁 어둠

막 찾아오고 있는
저녁 어둠은
보이질 않는다
어스레 땅거미를
끌고 오는 시각
우주는 막 식어가는가
아궁이에 짚뭇을 넣고
불을 지피면
내어오던
그런 것인가
입김처럼 안개처럼
쉬 오는가

겨울나목의
저 잔가지들 그 실핏줄에
숨쉬고 있을 것 같은
어둠의 빛이어

(14/12/3)

통신 (97)

'오빠' 그 설렘

"오늘 강릉 쪽에서 무엇이 갈지 모릅니다. 70 넘어 시집을 선물 받은 기쁨을 조금 나누고 싶어 하는 것 같습니다." (모산, 4월 25일)

"M 누이님
시절의 선물 두릅을 이렇게도 많이 보내
주셨습니까.
황송해서 말문이 막혀 이리 문자로 우선 인사
드립니다.
첫 시집 때도 보내 주셨으니 이 시원찮은 글이나마
부지런히 써야겠네요.
모산 선생 따라 강릉에 가게 되면 누이님 뵙게 해
달라고 조르겠습니다.
나물 잎에 대관령과 동해 내음이 배어 있는 것,
입맛을 즐기겠습니다.
고맙습니다." (남정, 4월 25일)

"(…)

제 오빠께서 주신 시들이 모르는 제게
잠 설치며
어떻게 이런 표현이 될까 신비스러웠습니다.
(…) 아직도 이런 마음들을 지니고 사시는
분들이 계시다는 것
저희 오빠를 뵈올 때도 너무나 큰 축복이란
생각이 듭니다.
다행히 이곳이 맑은 곳이라 보냅니다. 고맙습
니다. 소식까지 주심에…" (모산 누이, 4월 25일)

봄이 막 오고 있을 때 한 제자가 태백에서 냉이를 보내 주어서, 잇따라 정선에 사는 지인이 씀바귀김치를 보내 주었습니다. 두 선물 다 들꽃시집 반갑다는 인사에 붙여서였습니다.

요새 몸살 후라 입맛 찾기가 힘듭니다.

오늘 강원도 땅 강릉에서 부쳐온 개두릅 향이 여간 반갑지 않습니다. '시절의 선물'은 그 철의 미각을 불러 주니까요.

그런데

그런데 말입니다.

오늘은 '오빠' 때문입니다.

국어학자 S교수와 한 때는 같은 대학에 있었습니다. 그 시절 그는 웃을 때보다 우울할 때가 그래서 좀처럼 입을 열지 않던 인상이 강했습니다. 어느 땐가 그 분의 글이 그 대학의 신문에 올랐습니다. '고사리를 다듬다가'로 제한 짤막한 수필 한 편입니다. 시골에 사는 여동생이 보내 준 고사리로 시작되었습니다. 작품

성에서이이기도 하지만, 내가 그 글에 빠질 수 있었던 것은

그에게 누이가 있었다니, 그 누이가 시골학교의 선생이라니.

이 때 처음으로 나는 그의 숨은 행복을 떠올렸습니다.

얼마 전에 작고한 Y선생에게는 생애적 고독 같은 것이 온 몸에 마음에 배어 있었습니다. 생전에 가끔 그는 나에게 '못사는' 누이에 대한 연민을 드러내기도 했습니다. 문상 가서 그의 이 여동생을, 상복을 입은 한 여인을 보았습니다. 그러자 고인이 더욱 고독해지는 느낌이었습니다.

나에게도 누이가 있었습니다.

누님은 풍을 맞아 말년에는 한 쪽 발을 끌었습니다. 끝내 고향 벌판의 바람 속에서 떠났습니다.

누이도 한 10년 전에 저승에 갔습니다. 마지막 기억의 영상은 이렇습니다.

내가 방학 같은 때 아니면 성묘 길에 누이집에 들리면 그 근처에 사는 생질이며들이 찾아와 밤이 이슥할 때까지 얘기를 주고받았습니다. 그 방은 난초 분이 가득했습니다. 골초의 한 생질이 연기를 뿜으면 누이는 자주 촛불을 태웠습니다. 작가인 남편 따라 동양란에 익숙해 있었습니다. 누이는 행복해 보였습니다.

누이가 뇌출혈로 스러지기 좀 전이었습니다. 가을철이었으니 산소 벌초 길에서 찾아갔을 적일 것입니다. 가까이의 둑길에서 보니 누이는 그의 단층집 옥상에 있었습니다.

온갖 수목들이 있는 뜰도 있었으니 빨래를 널고 있었던 것은 아닐 것입니다. 고추라도 아니면 콩대라도 말리고 있었는지요.

이 영상에 나는 쓸쓸해질 때가 근래 자주 있습니다.

이야기가 길어지고 있습니다.

오늘 모산의 누이가 나에게 보낸 답신의 문자에서 만나는 '오빠'라는 호칭 때문입니다.

'오빠*께서 주신 시들이' *모산
'저희 오빠를 뵈올 때도 너무나 큰 축복이란
생각이 듭니다.'

어떻게 보면 핏줄에 대한 예사스러워야 할 이 호칭(오빠)이 저에게는 왜 이리 오늘은 낯설어지는지 모르겠습니다. 그러면서도 밀려오는 향수 같은 느낌도 있습니다.

독일 태생의 바이올리니스트 박지혜의 연주가 있는 CD 석 장이 우연히 저에게 생겼습니다. 그 하나에는 '오빠생각'이라는 우리나라 동요를 연주한 것도 있어 맨 먼저 들어 보았습니다. 가사가 없는 편곡이어서 좀 실감은 덜했습니다. 다른 하나의 디스크는 데카판인데 둘째 연주곡은 슈베르트의 바이올린과 피아노를 위한 환상곡 등,
오늘 오후 오랜만에 이리 음악에 빠졌네요.
○○○○의 '엘리자를 위하여'를 기다렸는지 모르겠습니다.
우리는 자주 모산의 여러 복을 부러워합니다.
그 중에는 누이들에게 에워쌓여 있는 행복함도 있을 것입니다.
그러면서도 얼핏 그가 고독할 수도 있겠다는 막연함도 있습니다.
누이들과 헤어질 때마다 채워지지 않는 핏줄에 대한 아쉬움 같은 것,
몇해 전인가요. 누님의 산소에 들렀다가 만나는 주변 들꽃에 대한 그의 애틋

함.

우리는 벌써 고도(孤島) 같은 데에 표류해 왔는데 모산은 아직도 고향 강릉 땅에서 먼 해조음만을 듣곤, 우리 삶의 끝간 데를 모르고 있을 거라는,

엉뚱한 생각도 해 봅니다.

'오빠'라고 불러 주는 누이가 있는 모산을

제가 부러워하고 있네요.

草友齋 主人(2015년 4월 25일)

[illegible] 통신 (98)

우경에게

又耕에게
내 거실의 벽
눈에 잘 띄는 곳에
네가 보내준 편지며
그 봉투에 붙인 여러 장의
우표들이며
첨정(瞻亭) 선생의 달필의
그림엽서가
나날의 나를 반기는데
그래서
내가 이승을 떠나는 날
훨훨 가라고
멀리 미국에서 손 흔들어 줄
又耕이 있는데
그러길
제발
그럴 수 있기를

비노니.

초우재에서

재복에게

2015년 5월 12일

𐤅𐤉 𐤀𐤀𐤍 𐤏𐤏𐤏 통신 (99)

실내의 은하수, 그 호롱불 빛

대관령(大關嶺)을 저쯤에 둔 Y고장에서였다. 콘도미니엄 식의 한 빌라에 머물면서 그 근처의 스키장에 있는 호텔에 마실을 갔다. ㄷ자 모양의 건물 구도 속에 있는 호텔 앞마당의 공간은 온통 원색의 전등으로 꽃숲을 이루고 있었다. 내 마실이라 해 보았자 겨우 차 마시는 일인데, 로비의 커피숍 천정에는 달걀 크기의, 똑같은 모양의 투명 백열전등이, 밤하늘의 은하수 별무리보다 더 촘촘하게, 그러니까 수천 개의 전구가 같은 빛의 세력으로, 그러나 그것들은 제 빛을 한껏 발하고 있는 게 아니라, 장식용으로 은은히, 그래서 마치 자기자신들을 죽이기에 애쓰고 있는 것 같았으니, 그것은 빛이 아니라 빛의 사라짐의 여운 같은 느낌이 들었다.

차(茶)를 마시면서, 천정에 매달린 수천 개의 전구를, 아니 인공(人工)의 실내 은하수(銀河水)를 바라보면서, 문득 문명(文明)이라든가 문화(文化)에 대하여 그것이 드러내는 복잡성의 속성에 대해 새삼 놀랐다.

옛날에는, 호텔 커피숍의 저 수천 개의 전등 중 하나만큼의, 그것도 일부러 저리 여위게 한 밝기의, 호롱의 등잔 불빛만으로도 방 안이 밝았고, 우리들의 어머니나 누나들은 그 섬세한 손길의 바느질을 했고 수를 놓았다. 그런 시골집에 문명의 첨병 전깃불이 들어왔을 때도, 두 방 사이의 벽 윗부분에 손수건만한 넓기의 구멍을 뚫어 거기 하나의 백열등을 매달아 그 눈부심을 줄였다. 그 매달린 위치의 정확성을 핑계로 이 방에서 저 방으로 저 방에서 이 방으로 심심찮은 대화가 오갔지만, 그 뒤 들어오는 형광등의 넉넉(?)한 길이로 해서 그만 그 핑계마저 없어져 갔다 - 는 우리들 시골의 문명사(文明史)를 떠올리면서, 저 필요 없이 너무 많은 천정 전구의 천문학적 수량에서 그 은은한 여운의 불빛이 주는 이른바 분위기와는 달리 나는 어지럼을 느꼈다.

여기까지 비싼 커피를 마시러 올 필요가 있었을까.

이런 의문이 스쳤으나 곧 문화(文化)란 어쩌면 다 그런 거 아닌가 - 싶기도 했다. 그 수많은 전등 아래서 커피값을 지불하고 나오면서, 이는 끽차(喫茶) 값이 아니라, 저 많은 전구가 아이러니컬하게도 제 빛을 죽이기 위해 쏟고 있는 에너지 소비비, 그런 의미에서의 문명 문화비의 지출이니 했다.

(제 글 '양등(洋燈) 하나로도 고독을 잊는다' 중에서)

L대표님

주마다 발행하는 귀사 신문의 고정란 '우리를 물들게 하는 시와 꽃'에 기고하는, 저의, 일종의 재능기부 짓에 고맙다는 뜻인 듯, 선물로 레드(LED) 스탠드를 보내주셨네요.

몇 단계로 빛의 높낮이를 조절할 수 있어 호롱불 밝기도 가능하고요.

문득 위의 제 졸문이 떠올라서 그 한 대목을 여기에 올렸습니다.

귀사 발행 신문의 독자는 다 알고 있을 법한 얘기오니 웃으며 한 번 읽어 보시지요. 노년들에겐 이리 추억이 많습니다.

불빛을 쉬 한껏 낮춥니다.

그야말로 '호롱불'이 되네요.

들꽃 사진에 부치는 제 시는 어느 불빛에 맞춰야 되는지요.

'백세시대' L대표님께.

草友齋 主人(2015년　　월　　일)

통신 (100)

산에 산에 꽃이

정명환 선생님께

“그 당시(운주사의 와불상이 제작되던)에는 소재를 다루는 태크닉이 섬세하지 않고 또한 연장도 부족했을 것이다. 그래서 거칠다. 그러나 매우 상징적인 거칠음이다. 근대의 재현적 예술이 상실한 그런 뜻깊은 거칠음이다. 그래서 아이로니칼한 일이 생겼다. 근대조각은 다른 한편으로는 이러한 거칠음이 주는 깊은 상징성을 재생시키지 위해서 매우 발달한 테크닉과 연장을 동원하기도 한다. (1993)” 202-3면

“축소된 모델을 통해서 부분 아닌 전체에 대해 이해를 할 수 있다는 발언은 어느 정도 참된 것인가? 이 발언은 가령 일본의 정원이나 분재와 같은 미니어처아트에 대한 설명이 될 수 있다. 그런 예술은 자연을 ‘한 줌으로’ 파악할 수 있게 해줄지 모른다. 그러나 미니어처를 통해서 파악된 것은 어디까지나 축소된 전체이기 때문에 자연 그 자체의 숭고하고 심오하고 때로는 두려운 모습에 압도되는 일이 없다. 미니어처아트는 자연을 인간의 척도에 따라 상징적으로 이해하려는 것, 그리고 기껏해야 인간이 자연의 본질 내지는 정수라고 억단(臆斷)한 것에 따라 자연을 이해하려는 것(이쪽이 아마 한 송이 꽃에서 우주의 본질을 직관할 수

있다는 따위의 일본 사람들 생각에 더욱 가까울 것이다)에 불과하다. 이러한 한계는 레비스트로스 자신의 다음과 같은 발언에 의해서 반증된다. "축소된 모델의 효과는 감각적 차원에 대한 포기를 지적 차원에 의해서 보상하려는 데 있다." 이런 발언은 이른바 구조주의적 심성의 대표적 표현일 것이다. 좀 더 넓은 견지에서 말하면 그것은 혼돈, 모호성, 미분화, 불가사의가 가져오는 공포나 불안이나 신비를 멀리하고 세계를 오직 가지적(可知的)인 것으로 순치하려는 서양의 한 두드러진 전통적 표현이다.(1996)" 204면

〈よく見れば薺花咲く垣根かな〉松尾芭蕉
"자세히 보니 / 냉이꽃 피어 있는 / 울타리로다" 마츠오 바쇼오

"이 하이꾸에 대한 鈴木大拙(수주끼 다이세쭈)의 해설(테니슨의 5행시 '갈라진 벽에 피는 꽃을, 그 틈새에서 따서 / 뿌리 채 손에 들고 본다 / 작은 꽃이어 만약 내가 / 네 뿌리며 꽃이며를 모두 이해할 수 있다면 / 神과 人間이 무엇인가를 헤아릴 수 있으련만'과 비교해서 서양인의 자연관의 맹점을 말한다.)은 일본인의 자연관의 우위성을 자랑하고 있다." (佐藤和夫)

앞의 선생님의 생각에는
일본인의 이 하이쿠에 대한 이 과찬(과잉 의미부여)도 포함되나요.

"꽃을 보니 울타리 옆에 냉이가 작은 흰 꽃을 피우고 있다. 평소 무심히 지나치는 길가의 잡초에서 만물의 조화의 오묘함과 自得의 경지를 발견한다. 程明道의 〈만물을 자세히 들여다보면 모두 자족하고 있다(萬物靜觀皆自得)〉(秋日偶成)

라는 시구가 연상되는 작품"(유옥희, 세계시인선, 민음사)

에서도 저는 '자득의 경지'는 몰라도 '만물의 조화의 오묘함'까지는 못 느끼겠는데 말입니다.

선생님

소월의 '산유화'가 그래서 저는(저에게도) 제일 좋습니다.

'저만치' 그저 피어 있는 것을,

꽃이 사람과는 관계없이 '홀로' 피고 지는 것을.

자족인지요. 자득인지요.

산에 들에 가면 꽃이 있습니다.

그 꽃을 그냥 '저만치' 바라보는 이가 가장 '좋은' 사람입니다.

햇볕 속에서 때로는 구름그늘에서 바람 속에서 이슬 속에서 새소리나 벌레소리 속에서 그냥 보고 듣고 오는 이입니다.

다음은 그대로의 꽃을 영상으로 담아오는 사람이 '가졌다는' 행복을 누립니다.

그 영상만을 보는 사람에겐 어느 정도는 생생할는지 몰라도 햇볕도 바람도 새소리도 없는 도감을 만나는 기쁨뿐입니다.

저는 그 도감을 보면서 '시랍시고' 씁니다.

그러니 김빠진 상상이나 소리를 합니다.

이렇게 보면 저는 자연에서 3단계나 밀려나 있어 가장 행복하지 못한 편입니다.

기껏, 쓴다는 것이 그것(꽃사진)을 보고 이렇게 느꼈다, 이런 생각이 떠올랐다, 두 경우 다 거의 '쓰잘 데 없는' 想에 지나지 않지요. 이렇게 쓰면 하이쿠에 대한 일본인의 자랑처럼 깊은 해석이 따를 게 없지요.

"한 송이 꽃에서 우주의 본질을 직관할 수 있다는 따위의 일본 사람들 생각"에서 멀어져 있어 다행입니다.

선생님의 '단상'에 빠져 있습니다. 이리 느리게입니다.

다음 단상의 제목은

'사르트르와 푸코'(205면-)입니다,

오생근 선생을 만날 차례입니다.

오 선생의 '평문'은 어렵지 않아서 편했는데 이번에는 논문이어서 바짝 정신을 모아야 어느 정도 따라갈 수 있을 것 같습니다. 저는 푸코보다 자주 저에게 와서 집적거렸던 그 이름마저 매력적이었던 바슐라르에 가는 것도 어떻게 어려운지 아직껏 멉니다. 불란서 쪽은 저에게 시도 그렇고 문학론도 철학도 다들 어렵습니다. 그 한복판에 선생님도 오 선생도 계시다니 저는 놀라울 따름입니다.

선생님, 너무 잔소리했습니다. 피로하시게요.

고맙습니다.

참 그날 너무 고마웠습니다.

강북 촌로 우중에 강남 거닐다.

강북스타일-쯤였을 것입니다.

건강하십시오.

草友齋 主人(2013년 7월 13일)

*선생님, 꼬박꼬박 손으로 쓰지 않고 '기계글씨' 죄송합니다.
*그날 함께 했던 다른 선생님께도 이 편지를 그대로 올립니다.
함께 웃고 싶어서입니다.

통신 (101)

소곡우접(巢谷寓接)

S 선생님

안녕하신지요.

지난 4월에 선생님의 혜함 받고 8개월이나 지났습니다.

무심해서 오늘이라야 답신을 올립니다.

사실은, 선생님의 그 서신은 내내 저 책상머리에 있었습니다.

저는 조금은 감격파여서 지기나 제자에게서나 편지를 받으면 바로 고마움을 전하는데

이번은 그러질 못했습니다.

너무 감격해서 그야말로 '붓을 들지' 못했고 이후 내내 그러했다고 변명해야겠습니다.

선생님께서 동봉해 주신 이틀의 巢谷寓接을 읽고는 너무 부끄러웠기 때문입니다.

L 선생을 비롯한 몇 분의 지기가 보내 주는 영상을 접했을 뿐 저는 사실 그 꽃들에게 실제로는 멀리 있으면서 至近의 거리에서 그들을 사랑하는 양 해온 것이 새삼 죄지은 기분이 들었습니다.

아 선생님 같이 꽃들에 가까이 생활하시는 분들 앞에서 제가 감히 조잘대다니,

너무 부끄러웠습니다. 선생님 고맙습니다. 흉보시지 않고 혜납해 주셔서요.

선생님의 들꽃일기 다시 읽습니다.

"작년 이른 봄이었다. 집 주변의 아파트 단지를 산책하다가 (….) 우연히 예쁜 꽃 群生地를 발견하였다. 처음 보는 꽃(….) 앵초과의 '봄맞이꽃'이라는 이름인데, 볕이 잘 드는 해안이나 山麓의 풀밭, 밭이나 논둑, 잔디밭과 같은 草地에서 자라는 1년생 또는 越年生 식물이라고 한다. (….) 生活史가 짧고 消長이 극심하여, 작년에 보았던 場所에 가보아도 보이지 않는 경우가 있다고 한다.
(….) 보고 싶어 다시 찾았으나 꽃은 이미 흔적도 없이 사라지고 없었다. (….) 아무도 눈여겨보는 사람이 없는 꽃이라서 그렇게 된 듯하다.
(….) 하여튼 올봄에도 그 봄맞이꽃을 다시 볼 수 있기를 손꼽아 기대한다." (소곡우집 2009 4/12)

선생님, 이 대목 읽으면서, 선생님의 고향쪽 裡里, 그곳 기차역의 석탄가루가 날리던 線路 변의 들꽃도, 그리고 만주 벌판의 그 荒野의 봄에서 만났던 선생님 유년기의 꽃들도 생각했습니다. 이후의 내곡동 시절의 소똥냄새에 어울린 들풀과 꽃들의 향도 상상했네요. 그러다가 盆地의 수내로 양지의 선생님의 근년의 나날에까지 생각했습니다. 아 참 선생님의 수년간의 일본생활도 엿보면서입니다.
저의 김해 고향은 논동네였습니다. 산은 물론 멀었고 밭도 마당 가까이의 텃밭밖에 없었지요. 그래서 나무나 꽃이, 지금 생각하면 별로 없었습니다. 뜰안의 원예화, 신작로 섶의 언제나 같은 꽃의 몇 뿐이었던 것 같습니다. 그래서 들꽃들에 절실해서 제가 어쭙잖은 꽃노래를 흥얼대고 있는지 모르겠습니다.

선생님의 들꽃일기를 읽으면서 우리들은(도) 그 고장에서 핀, 제법 꽃들인가 싶다는 엉뚱한(?) 생각에까지 이르렀습니다.

그 먼 곳의 꽃이 제 곁에 와서 피었다니, 하고 선생님과의 인연을 소중히 생각했습니다.

"(연길) 과기대 캠퍼스 안은 잡풀들의 천국이다. 아침 산책 때 만날 수 있는 들풀이 다양하기도 하지만 낯익은 들풀들이 멋대로 자라도록 내팽개쳐진 상태여서 무척 정겹다. 가장 흔한 쑥대류와 댑싸리류, 쇠뜨기를 비롯하여 미나리아재비(?), 개밀, 소루쟁이, 민들레, 왕고들빼기, 질경이, 익모초, 명아주, 환삼덩쿨, 갈퀴나물, 새콩, 도꼬마리, 달맞이꽃, 까마중, 개비름, 괭이사초, 다닥냉이, 강아지풀 등이 서로 얽히고 어우러져 자란다. 어디서나 흔히 야생의 강한 생명력을 자랑하는 여뀌가 보이지 않는다싶더니 아니나 다르랴. 한 곳을 지나다 보니 가을여뀌가 붉고 하얀 꽃망울을 달고 서있다. 모습은 험악하게 생겼으나 붉은 빛깔의 꽃만은 예쁘기만 한 지칭개도 보인다.(下略)" 巢谷寓接 (2011/7/12)

선생님께서 연길 가 계실 때 동행의 Y 여사와는 이메일이 오가서 그곳 조선족의 생활상이며 거리 풍경을, 또 이 분의 그 후의 기행문 저작에서 들을 수 있는 행운이 있었습니다. 저도 90년대 중반인가 그 곳에서 하루만 머물 수 있어서 아쉬움 같은 게 있었으니 말입니다 그런데 막상 그곳에서의 선생님의 나날에 대해서는, 언제나 공부하시는 분이시니, 그러면서도 예 만주 시절의 고향 길은 굉장히 궁금했는데 이 또한 Y 생의 이후의 글에서 알 수 있었을 뿐이었지요.

그런데 위의 '소곡우접'에 접하니, 제 궁금증이 풀립니다. 제가 연변을 잠깐 스쳤을 때에는 연변대학 문 앞에서 돌아선 듯합니다. 선생님께서 가 계신 과기대는 연변대학과는 떨어진 거리인가요.

그 대학 뜰의 잡(?)풀을 어찌 그리 소상히 관찰, 아니 사랑할 수 있었지요. 그리고 그들 하나하나의 이름을 어찌 그리 불러 주셨지요.

"(....) 내게는 이 거친 캠퍼스가 자연스럽게 자란 들풀로 가득차 있기 때문에 오히려 인공으로 가꿔놓은 어떤 정원보다 훨씬 부드럽고 따뜻하게 느껴진다.(...)."

선생님, 제가 대학강단에 맨 처음 서 본 곳의 하나가 상도동의 S대학이었습니다. 그 대학은 전라도며 경상도의 시골출신 학생들이 많았습니다. 그 시절을 생각할 때마다 그애들 같았던, 그 대학 운동장 가의 잡풀들이 떠오릅니다. 수년 전에 그 대학에 가 보았을 때 들어선 빽빽한 건물들에 숨막힐 번했습니다.

허나 저는 그 시절 그 풀들과 거기 피었을 들꽃 하나에도 이름 불러주지 못한 아쉬움이 있습니다. 그래서 선생님의 일기가 저를 부끄럽게 합니다.

선생님과의 인연, 춘천의 성심에서 비롯했지요. 이후 언제나 畏敬의 마음입니다.

가까이 가다간 제 '虛'를 찔리는 아픔이랄까, 아니 기쁨이었습니다.

왜, 전혀 그러질 않을 것 같은 한 친구의 일기장을 어쩌다가 보고는 '전혀 그러함'에 놀라는 일이 어린 날 젊은 날에 있지 않았습니까.

이번에도 선생님의 이틀 분의 일기를 보고는 그런 놀라움에 사로잡힙니다.

선생님,

가끔이라도 巢谷寓接 접할 수 있는 행운 주십시오.

곧 새해입니다.

내외분 건강하십시오.

고맙습니다.

草友齋 主人(2013년 12월 8일)

통신 (102)

민들레 바람되어

1

“정녕 아름다운 모습이란 누구도 표현치 못할, 5월의 샛노란 노란색이 어느 순간에, 저 먼 하늘에 내 간절한 마음의 편지를 전해 줄 헤르메스의 하얀 구름송이 같은 솜뭉치로 변했기 때문…” (정하)

이는 초우재를 지어 준 젊은 건축과 K씨가 지인의 스님이 찍었다는 민들레 꽃 사진에 자기가 거기 부쳐 썼다면서 나에게 보내 온 글(‘민들레 바람되어’)의 한 구절, 거기에 잇따라 나는 시랍시라고 써서 대꾸했다.

연줄에 끊어져
아득히 날아가던
어린 날의
그 조그맣던
내 우주여

이리 쓴 그 화답시의 후절을 먼저 내세우면서 B형은 다음을 기억했다.

“우계가 어느 글에서 머리 위의 저 하늘이 무한대의 우주로 이어졌다는 생각을 하면 신기해 못 견딜 것 같다고 한 적이 있던가요? 줄이 끊어져 하늘로 올라가는 연을 보며 무한한 우주를 상상해 보던 어린 적의 기억이 제게도 있네요.” (백초)

2

요새 제가 너무 좀스러워지는 것 같아서, 전에 읽었던 ‘빅뱅 우주론 강의’(이석영 연세대 교수)라는 책을 찾아서 펴 놓고 있습니다. 글씨가 작고 빽빽해서, 그리고 우주의 그 광활함에 내 상상이 따르지 못해서 책장이 잘 넘어가지 않아서입니다.

우계의 그 말씀이 새삼스럽네요.

중학교 때 일본인이 쓴 별 이야기의 우주론 책을 읽으면서 내 꿈을 그쪽으로 몰고 싶어 했지요. 그랬으면 내 생애의 마지막 장이 요새처럼 이리 좀스럽지 않았을 텐데.

제 어린 날에는, 아버지에게 붙잡혀 와서 대청마루에서 하늘에 뜬 그 큰 왕연의 풍지(風紙)를 듣고 있었던 - 내 오래된 산문집에서 딴에는 기억하고픈 회상이 있었지요.

우리들 요새의 적요(寂寥)의 파적(破寂)을 위해서 - 라는 핑계로 다음에 길게 옮겨 봅니다. (남정; 2015/6/6)

"

(…)

그걸 차는 우리들의 신발 또한 새끼줄로 발에 칭칭 매였다. 세차게 공을 차면 어쩌다가 공보다 그 차는 발의 신짝이 더 멀리 달아나게 되는 데, 그것이 날아간 곳은 논밭 가의 언덕이고, 그 언덕에는 때마침 가을이어서 키다리꽃 - 코스모스를 우리는 그렇게 불렀다 - 숲이 한창이었다.

그 한 짝의 신발을 찾으러 언덕을 아무리 헤매도 그것의 흔적은 오간데 없고 그래서 내가 그 꽃숲에서 지칠 쯤이면, 놀이에 열중하느라 질러대는 친구들의 아우성 속에 문득 아버지의 목소리가 들린다.

붓돌아, 붓돌아,

나는 들키지 않으려고 그 키다리꽃 숲에 벌렁 눕는다. '붓돌아.....'의 목소리가 이 밭귀에서 멀어지면서, 그때 내 눈에 들어오던 가을하늘에 흔들리던 그 기다란 꽃대와, 그 끝의 연하디 연한 꽃이파리들의,

먼 아득한 하늘거림.

이 코스모스 꽃의, 여린 하늘거림은 참 오랜 세월 동안 내 망막에서 지워지지 않는, 두고두고의 그리움이 된다. 후일 그걸 나는 이리 노래했다.

네가 울고 간 자리
돌아선 언덕
꽃이 피었다.

은(銀)종이 같은 가슴
비비거리다
네 속이라
네 잎이라
문질고 싶던
그 자리 저 언덕에
네가 피었다.

(코스모스 소묘(素描))

아버지의 부름에 어떨 때는 붙잡혔다. 아니 따라갔겠지.

아버지는 문짝만한 연을 빈 하늘에 홀로 띄워 놓고, 연줄은 놀랍게도 실하디 실한 못줄 - 봄에 논에 모를 심을 때 줄을 맞추기 위하여 대고 심는 줄 - 이었지. 그 줄의 끝을 대청마루 가의 든든한 기둥 뿌리에 묶어 놓고, 나를, 붙잡혀 온 나를 그 옆에 앉히는 것이다.

처음에는 그런 대로 그건 재미 있었다.

연줄의 못줄에는, 한 뼘 너머의 간격마다 조그마한 붉은 천조각들의 매듭 표시 - 모를 거기 맞추어 심는다 - 들이 줄지어 있는데, 대청마루의 그 기둥에 기대서 저 하늘 속의 연이 날리고 있는 데까지를 내 눈이 그 줄의 매듭들을 따라가면, 그건 영판 끝간 데 없이 높아져 간 악보의 도레미파...처럼 보였고 실상, 그 악보들은 소리내고 있었다. 거대(?)한 연의 활벌잇줄의 풍지(風紙)가 하늘 속에서 바람을 맞아 우는 소리가, 연줄을 타고 내려와 그것이 묶인 기둥을 울리고, 그리고 기둥 자락의 대청마루의 틈새의 골골에 퍼지는 것이었으니,

- 한동안 그 소리에 익숙해질 때까지, 나는 우리집 대문 안의 이 내 붙잡힘에

그리 답답해 하지는 않았다. 그러나 그 연줄을 타고 내려오는 저 높은 하늘에 그냥 무심히, 그야말로 무심히 울고 있는 문짝만한 연의 그 풍지(風紙) 소리는,

그 소리가 그때의 나에게 준 느낌을 나는 그대로 지금 여기 되살릴 순 없다. 다만 그 소리의 울림이, 울림의 빛깔이, 무게 같은 것이 또는 속의 텅 빔 같은 것이, 어린 날의 나에게 그리고 그 후의 내 생애에 어떤 그림자를 드리웠음은 틀림없겠지 - 싶다." (1996년)

草友齋 主人(2015년　　월　　일)

〔부록 1〕

애란 기행 삼사일 기(愛蘭紀行 三·四日記)

〈臥龍英蘭漫遊記 10〉
7월 28일 월요일

베이스캠프에서 출발합니다. 코번트리(Coventry)에서 버밍엄(Birmingham)을 지나서 북향하는 고속도로 M5호 길에 오릅니다. 서둘러 7시 반의 출발입니다. 두 시간 남짓이 달리다가 Central England를 넘어선, 바른 편 맨체스터쪽에서 오는 M56을 만나 왼쪽으로 바꾸어 타는 이제는 또 두 시간너머의 西行(서행)길입니다. 지난번에 들렀던 체스터(Chester)를 지나면 곧 웨일즈(Wales) 땅에 들어서는 모양입니다. 웨일즈의 머리 위 북쪽은 아이리시 해(Irish海)를 이고 있습니다. 해안을 끼고 달립니다. 그리고 왼편의 뭍에는 산의 제법 높은 모습을 만납니다. 지도를 펼치니, 남북으로 긴 캄브리아 산맥입니다. 그 산맥의 북쪽 끝 부분을 만난 것입니다. 바다와, 굽이가 좀 급박하게 내려앉은 산자락 사이의 길을 가고 있습니다. 그 끝에 이르면 바다 건너의 더블린(Dublin)에 그래도 가장 가까운 홀리헤드(Holyhead)라는 해안을 만납니다. 열 한 시 반을 넘어서고 있습니다. 열 두 시에 출항하는 페리의 선착장 터미널에서 앞선 자동차 행렬을 따르면서 마치 고래가 입을 벌리고 있는 곳에 밀려들어가는 느낌의, 차와 함께 한 승선(乘船)입니다. 그리고 위층은 넓디넓은 선실(船室)입니다. 레스토랑 모양새의 곳은 어느새 빈자리가 없어 그냥, 배의 중간쯤의 마스트 동체(胴體) 벽면을 향하게 되어 있는 횡렬(橫列) 좌석의 한 곳에 앉습니다.

나는 대뜸 '동그란 선창(船窓)'부터 찾습니다. 그러나 좌우 양쪽 뱃전〔船緣〕에는 방풍벽(防風壁) 같은 투명창이 훤히 널려 있을 뿐입니다.

어린 날의 동경(憧憬)이 간 곳이 없습니다.

포탄으로 뚫은 듯 동그란 船窓(선창)으로
눈썹까지 부풀어오른 水平(수평)이 엿보고
....
투명한 魚族(어족)이 행렬하는 위치에
홋하게 차지한 나의 자리여

정지용(鄭芝溶)의 시에서입니다. 이리 시인에게는

'고래가 이제 횡단한 뒤 / 海峽(해협)이 천막처럼 퍼덕이'는데, 나는 그만 그 '동그란 선창'을 찾을 수 없습니다.

내가 지난번의 소식에서 '아이리시 해협'을 건너는 꿈에 사로잡혔다고 했을 것입니다. 'Irish sea'를 말입니다.

우리 어린 날, 얼마나 많이 지용 시에 취했습니까. 지리 시간에 세계지도를 보기 전에 우리는 그의 시의 해협에 항해에 이미 빠져 있었지요.

답답해서 데크(Deck)에, 아니 갑판(甲板)에 오릅니다.

우리 배는 물보라 선단(船團)을 끌고 가는 함장(艦長)의 기세입니다.

해풍(海風)이 이리 세찰 수가 없습니다. 저 멀리 바다의 풍랑에 내 머릿결과 안경이 어느새 거기 날아가 있는 듯한 경황입니다. 내 바로 옆의 구석진 데서 바람을 피하면서 예쁜 아가씨가 담배에 불을 붙이고 있습니다.

아이고 눈빛 푸른 처녀야,

저 먼 동양의 한 시인이 '海峽(해협)의 七月(칠월) 햇살은 / 달빛보담 시원타.'하고는 '스물 한 살 적 첫 航路(항로)에 / 戀愛(연애)보담 담배를 먼저 배웠다.'고, 너를 익히 노래했단다. 나는 너희 해협에 아슬히 와서 '정히 연애처럼 비등'하는 항해를 꿈꾸고 있구나.

선실 내 옆자리 맨 앞줄에는 열 명 남짓의 열 살 또래 애들이 나의 정신을 온통 휘저어놓는 소동의 연속입니다. 그 중에 한 애가 내 눈에 선뜩 들어옵니다. 은빛 테의 안경을 끼고 있습니다. 그 속의 눈알이 유달리 큽니다. 빛나면서요. 그리고는 조붓한 얼굴입니다. 나는 제임스 조이스의 그런 얼굴 사진을 보면서, 아이리시의 지적(知的)인 면상(面相)의 전형이라고 내내 생각해버렸습니다. 저 애를 보자 나는 더블린을, 아일랜드를 찾아가는 내 여행을 실감하기 시작합니다. 그래 보았자, 내 독서범위는 '젊은 예술가의 초상', '더블린 사람들'에 그칩니다. '율리시즈'는 엄두도 못 내었고요. 그러면서도 강단에서는 어찌 '의식의 흐름'에 기웃거릴 수 있었는지요. 리차드 엘먼 옥스퍼드 교수의 방대한 저술 James Joyce 두 권(번역판)은 여전히 내 서가에서 나에게 압력이 되고는 있습니다.

!, 더블린(Dublin)입니다.

1970년댄가요. '알렉산드리아'의 작가 이병주가 찾았던 멋진 도시입니다. 택시기사와 퍼브(Pub)의 주인과도 만나도 제임스 조이스를 서로 환호하면서 그래서 자기는 취했다는 그런 그의 글을 읽은 기억이 떠오릅니다. 오랫동안 냉대받았

던 그 오만(?)한 작가를 말입니다. 내가 서울을 떠나면서 꼭 챙겨 가겠다는 '더블린 사람들(Dubliners)'을 놓치고 온 것이 지금은 너무 아쉬워집니다. 기선(汽船)으로 두 시간 동안이나 항해하면서 이물 가까이의 한 중년 여인은 내내 책에 빠져 있었는데, 더블린을 향하면서 내 손에 그것이 없다니. 그 저작의 첫머리 작품의 이름이 왜 '자매(The sisters)'였을까부터 나를 당황케 하던, 그것을 가져왔다면, 주인공 소년이 내내 따랐던 노신부(老神父)가 2층에서 죽어간, 볼품없는 포목상의 가게가 있는 거리의 이름이라도 찾을 수 있을 텐데 말입니다. Car Park에 愛馬(애마)를 몰아넣고는 거리를 헤맵니다. 첫 인상은 조금은 우중충한 분위기입니다. 우리와 같은 식민지의 슬픈 역사 때문이라고 쉽게 생각합니다. 잉글랜드의 도시에서는 눈에 잘 안 띄던 건축현장의 상징물, 하늘 높이 솟구친 타워 크레인을 가끔 보게 됩니다. 근년의 아일랜드의 경제성장이 건설경기를 불러왔다는 얘기와 관련이 있어 보입니다. 그러나 그 아슬한 높이의 불안감이 옛것에만 걸음을 멈추려는 이방(異邦)의 뜨내기들에겐 우선은 기우(杞憂)가 될 것 같네요.

더블린 대학에 쉽게 이릅니다. 1500년대 출발했다는 Trinity 칼리지입니다. 고풍스러운 도시에 어울리는 품격을 보입니다. 이름도 그렇거니와 캠퍼스도 옥스퍼드나 케임브리지의 그것을 떠올립니다. 조이스, 베켓, 오스카 와일드, 버나드 쇼, 예이츠도 그리고 극작가 싱(Synge)도 여기를 거쳤다면서요. 그러나 쉬이 이들을 떠올리는 조형물을 나는 찾지는 못합니다. 고도서관(古圖書館, Old Library)에서는 'The Book of Kells', 9세기 문서전(文書展)*이라고 합니다. 열을 서다가 긴 인파 때문에 돌아섭니다. 시간에 쫓기는 기분에서입니다. 도시는 너무 크고, 어디나 큰 도시는 개개인의 관광객들에겐 무관심인 듯 다가옵니다. 부득불 투어버스에 오릅니다. 미국인 듯한 인상의 관광객의 가족들이 많습니다.

아, 아일랜드에서는 미대륙의 신세계가 그리 멀지 않았으니까.

150년간이나 탈출이민이 이어졌던 '아일랜드 엑소더스(Irish Exodus)'의 후예들, 아메리칸 아이리시들의 모국방문 행렬이겠네요. 관광버스는 떠들면서 시내 여기저기를 떠돕니다. 나는 내 눈에 비치며 지나는 뒷골목의 모습이며, 이제 곧 거대한 기중기들이 동원될 날을 기다리고 있는 듯한 길목의 건물들의 표정에 관심이 더합니다. 부서진 유리창의 창틀, 오래된 낡은 공장건물의 적막, 술집들이 드러내는 침침하고 소란스러움 들이 이 나라의 어두웠던 시절의 잔영(殘影)으로 비칩니다. '더블린 사람들'에서 보는 무기력, 따분함, 갈망과 좌절 그리고 실의(失意)가 쉬이 떠오를 듯합니다. 투어버스는 더 보여줄 것을 잃었는지 도심에서 떨어진 긴 넓은 잔디밭의 초원까지 맴돌다가 우리를 내려줍니다.

조이스의, 멋진 폼의 동상은 Earl Street North에 있다고 내 책자는 설명합니다. 그리고 그 가까이에는 J. Joyce cultural Centre이네요. 이 도시는 작가박물관도 있다고 합니다.

그러나 나는 너무 피로해서 숙소를 찾기로 합니다.

잠자면서, 우리가 투어버스를 기다리는 정류장 근처에서 본, 한 젊은 여자의 모습 때문에 나는 조금은 언짢아집니다. 조그마한 동양여성, 내 눈에는 한국 국적으로 보입니다. 배가 매우 불룩합니다. 만삭(滿朔)인 듯했으니까요. 우리가 오래 동안 기다리던 버스가 와서 사라질 때도 거기 내내 서 있었고요.

왜 그것이 슬픔으로 나에게는 비치는지 모르겠습니다. 이 먼 섬나라에 그녀는 어떤 인연을 갖고 있는지. 애란(愛蘭) 땅에서, 아니 더블린 사람들 속에서 말입니다.

아무렇지도 않을 일을,

여행길에서는 이리 가끔은 슬프게 보아지는 모양이지요.

··

*"더블린의 Trinity College는 명문 대학으로 알려져 있습니다. 제 기억이 옳다면 엘리자베스 1세 여왕 때에 창립되었고, 대영박물관과 함께 영국에서 간행되는 모든 서적을 기부받도록 법적으로 보장된 네 개 도서관 중의 하나가 바로 그 대학에 부설 되어 있습니다. 그 도서관에 소장 중인 The Book of Kells는 특히 유명하지요. 1990년엔가 더불린에 들렀을 때 전시된 것을 보았던 기억이 아직도 새롭군요. 그때는 관람객 행열이 없었답니다." (W형에게서 온 답신)

W, B 두 분의 전공 앞에서 오늘은 내가 장돌뱅이처럼 떠들었네요.

관용 있기를.

아, 참, W형은 벌써 15년 전에 더블린에서 이틀 밤이나 묵으셨다니, 이 뜨내기 風物記(풍물기) 웃어 주시길.

〈臥龍英蘭漫遊記 11〉

7월 29일 화요일

더블린 외곽에 있는 여숙 Travelodge에서 눈을 뜹니다.

눈뜨자 빗소리입니다.

아홉 시에 출발하자 비는 그치고 또 점심 나절까지 달려야 합니다.

더블린에서 별 본 것이 없어 돌아올 때로 일단 미루기로 합니다. 동해안 쪽에서 서해안까지의 아일랜드 횡단입니다. 민요 '아 목동아'의 피리소리를 떠올리나 쉬이 들려오지 않습니다. 그 동안의 내 여정(旅程)에서의 아름다운 풍경들에 비할 바가 아직은 못 됩니다. 달리는 고속도로의 지형 노면이 낮아서인지 길섶의 우거진 잡목들의 무성한 잎들이 자주 내 탐승(探勝)의 눈길을 막기도 하나 이 탓만은 아닌 것 같습니다. 노변(路邊)의 밭들에도 돌담의 울타리가 자주 등장하는 조금의 답답함도 있습니다. 우리들의 이런 시점(視點)에 문제가 있는지 소나기의 빗줄기가 가끔 차창을 세차게 두들깁니다.

The West of Ireland, 해안의 도시 골웨이(Galway)에 열두 시를 넘겨서야 도착합니다. 어쩌다가 보니 우리는 아일랜드의 한 국립대학(National Univ of Ireland, Galway)에 와 있습니다. 1800년대의 출발이라는데에, 우리를 맞은 것은 현대식 건물입니다. 주로 대학원 강의실이며 연구실이 모여 있는 쪽입니다. 건물의 이름이나 위치의 방향을 알리는 팻말의 표지에는 아일랜드어(語)가 영어와 함께 하고 있습니다. 일층의 식당에서 점심을 골라먹습니다. 그리고는 캠퍼스를 벗어납니다.

골웨이 성당을 찾습니다. 1969년에 복구되었다는 표시가 있습니다. 내부는 예스러운 모양이나 돌벽의 외형에서는 아직 역사의 흔적이 이릅니다. 해안의 도시답게, 도심에까지 이른 개울에는 썰물에 빨려나가는 듯 물길의 심한 흐름을 볼 수 있습니다. 그 수로(水路)를 따른 산책입니다. 오랜만에 만난 망중한(忙中閑)의 순간입니다. 상가에까지 진출해 봅니다. 차가 다니지 않는, 사람들만의 자유공간입니다. 그 거리를 바(Bar)나 퍼브(Pub)들이 몇 뼘씩 재미나게 그리고 예쁘게 진을 치고는, 커피며 대낮의 맥주잔을 기울이며 담소하고 있습니다. 나에게는 서양인들의 이런 거리 풍경은 지나가는 행인에게도 미소를 머금게 하는, 도시인의 일상 속의 재미나는 여유로 보입니다. 대낮의 바나 퍼브에 들어가서 점심을 때우려 기웃거리다가 보면, 참 노인들에게도 편한 공간이 있습니다. 와인을 또는 맥주잔을 한 잔씩 또는 몇 개씩 잇달아 비우며 친구들과 담소하고 있는, 아니면 혼자 생각에 잠기거나 책을 읽고 있는 이들의 나날들이 부럽습니다. 거리의 노천 카페야 이제는 우리 눈에도 예사로워 보일 정도로 그들 도시의 흔한 풍경이지만, 흰 와이셔츠의 소매 끝이 쉬이 때묻지 않는 깨끗한 공기와 그 속에서 태양 빛마저 즐기는 그들의 살갗이 있어 그런 풍경이 예사로워진 것이 아닌가, 그리고 자기를 어떻게 대낮에 드러내도 남의 시선이 방해하지 않은 데서 온 것일 테고, 재미나는 담소, 속삭임, 그런 것과의 어울림에서입니다.

상가 건물들은 역사들이 있어 그것의 연대를 자랑하고 있는 숫자 표지판(標識板)들이 자주 보입니다. 조그마한 가게들의 디자인들도 재미있습니다. 여러 가지 빛깔의 페인트칠들로 해서, 도시가 발랄해지는 느낌입니다. 잉글랜드나 스코틀랜드에서는 좀처럼 보이지 않던 이 변신의 화려함이 조금은 위태로워 보이나, 우리에 비해서는 그래도 미학적인 기본이 든든해 보입니다. 가게에 진열한 물품들에게서도 이 도시인들의 세련된 생활취향이 드러납니다.

내가 이 거리에서 또는 어느 가게 앞에서 골웨이인들의 생활의 이런 단면들을 기웃거리고 있을 때, 바로 앞의 한 건물 벽에 등을 대고 퍼져앉아 자기가 부는 하모니카에 심취하고 있는 듯한 조용한 노인이 있습니다. 내가 귀담지 않으면 보이지 않을 정도로 그 소리는 매우 낮습니다. 그리 밝지 못한 내 귀에는 조금은 답답하기도 하지만, 이 시정(市井)의 바닥에서 그는 음유시인(吟遊詩人)처럼 다가옵니다. 저리 자기 연주에 빠져 있다니, 그래서 한순간 나는 엄숙해지는 기분에까지 이릅니다. 아 그런데 그의 바로 앞의 땅바닥에 손수건인 듯한 것이 나를 당황케 합니다. 내 포켓에는 파운드의 지폐밖에는 없습니다. 여기서는 유로화(貨)만 통한다는 것을 조금 전에서야 알게 된 사정이 있습니다. 그런데 그게 이유가 될 수 없습니다. 때로는 그런 생각이 있어도, 언제나 거기를 지나오고 난 뒤입니다.

그 조용한 노옹이 어느 카페의 노천에서 천천히 아주 느리게 한 잔 기우릴 수 있게, 그 분위기에 도움을 주었을 텐데, 그리고 하모니카에서 '한 떨기 장미꽃'을 들을 수 있었을 텐데. 어디 그뿐이랴, 예이츠의 '이니스프리 호도(湖島)'의 낭만을 그의 꿈꾸는 듯한 눈길에서 볼 수 있을 텐데.

내가 거기서 부끄러이 벗어난 또 다른 곳에는 현악 사중주에 열심인 젊은 친구들이 벌이는 대낮의 이벤트를 만납니다. 요크(York)에서 즐겼던 내 며칠 전의 과거가 있는데, 나는 조금 전의 실수 때문에 바삐 지나치고 있네요.

오늘 오후의 일정은 한 시간 반이나 남하(南下)해야 하는 딱한 사정을 깜빡했습니다. 리메리크라는 도시에 가서 자야 하는 어려움이 있습니다. 왜 이리 내가 길 욕심을 부렸을까요. 사흘 밤밖에 안 자면서 아일랜드 섬을 주유(周遊)하려 하니 말입니다. 벌써 그렇게 되었지만, 내 짓이 만유(漫遊)가 아니라 주마간산(走馬看山)이니 말입니다.

중학교 시절에 어느새 꿈꾸었던 무대, 그레고리부인의 작이었던가, 일찍이 우리들에게 애란 희곡에 빠지게 했던 그 '달뜰 무렵'의 바닷가에도 기웃거리지 못하고, 벌써 해안(海岸) 골웨이를 벗어납니다.

이 길에서, 나는 가끔 우리의 제주도 풍광을 떠올립니다. 작은 돌들이 쌓여 나지막한 바람막이의 울타리가 되고 있는 것부터, 그리고 조금씩은 조잡해 보이는 지붕들의 새로운 빛깔들에서는 Cottage의 초가들이 우리의 60년대의 단조한 색상으로 탈바꿈해 가는 게 아닌가 하고, 주제넘은 걱정을 합니다. 아직 '아일랜드 연풍(戀風)'의 자연을 못 만나서인지 모릅니다.

다섯 시쯤, 아일랜드 제3의 도시, 우리의 대구쯤의 위치, 리메리크(Limerick) 도착. 이 도시에는 성당이 많습니다. 가톨릭과 민족주의 색채가 짙었던 곳이라고 합니다. 담벼락이 있는 집들이 눈에 띕니다.

아일랜드 이틀째의 밤입니다.

〈臥龍英蘭漫遊記 12〉

7월 30일 수요일,

리메리크에서 아침을 맞습니다.

아일랜드 섬의 밑자락 부분을 우리나라의 남해안으로 본다면 이곳은 대구쯤의 위치, 여기서 내 일정은 직하행(直下行)해서 코크(Cork)라는 해변의 도시를 먼저 찾게 되어 있습니다. 출발하면서 서남(西南) 방향에 있는 킬라메이(Killamey)를 들르는 우회(迂廻)의 길로 바꾸어 보기로 합니다. 몇 번이나 앞에서 들먹거렸던 민요 '대니 보이'의 초원과 영화 '아일랜드 연풍'의 잔잔한 자전거 길의 시골 마을 풍경의 배경에 대한 바램, 그 설렘 때문입니다. 한 시간 넘어의 주행 끝에 닿은 킬라메이에는 국립공원 안에 호수가 있습니다. 이 호수 변을 따르면 이 고장에서는 제법 높은 폭포도 만나게 됩니다. 우리는 그 길을 말이 끄는 수레에 바꾸어 탑니다. 자전거와 마차의 가늘은 둘레의 바퀴를 생각해서인지, 오래 전의 시멘트 포도(鋪道)입니다. 거기서 우리는 말의 네 발길이 내는 소리의 묘한 리듬을 듣습니다. '동물의 왕국'에서 느린 그림으로 본 사자나 호랑이, 그리고 사슴에 이르기까지의, 짐승들의 네 발길이 땅에 닿는 순서와 그 엇박자 비슷의 시간차를 당신은 흉내낼 수 있는지요. 그것이 아니 특히 말이 포도에서 연주하는 그 리듬을 그저 '묘한 리듬'이라고밖에 나는 말할 수 없네요. 그 말차에는 서양 귀족이나 서양영화 속의 인물들이 아니라, 지금은 먼 동양에서 온 나그네입니다. 여정에 지쳐 있는 데도 말이 끄는 수레에서 그 리듬을 듣는 것이 영 마음 편치 않습니다. 나는 도시의 중학교 통학 길에서 자주 그 소리를 들었는데 말입니다. 아, '아목동아'의 아일랜드 말이 초원을 벗어나 있기 때문인가요. 말발굽 소리와 조금의 비탈에서도 힘들어하는 말의 숨소리가 바로 옆의 호면(湖面)에 닿아서 우리의 귀에 더욱 크게 울려서인가요. 다들 안스러워하기에 나는 짐짓, 우리가 이 수레를 타주지 않으면 이 말은 오늘 저녁을 굶게 되고 이 목동양반은 더욱 가난해야 하나니 … 이들이 못 알아듣는 한국어로 성경의 한 구절 읽듯이 말합니다. 그래서인지 말의 거친 숨소리도 좀 낮아진 듯합니다. 마부에게 영국에서 독립 후의 감상을 묻습니다. 새부리 모양의 캡을 쓴 아일랜드인은 그제나 이제나 다 사람살이인데 무엇의 변화를 바라겠느냐 식의, 오히려 선답(禪答)의 표정입니다.

호수는 길고 주변의 산세(山勢)는 제법 높아집니다.

킬라메이에서 더 서남행(西南行)을 해야 우리의 한려수도(閑麗水道)와 같은 이 나라 남빈(南濱)의 서정적인 토착성을 만날 수 있을 텐데, 우리의 애마(愛馬)는 되려 그 반대의 남동행(南東行)입니다. 벌써 두 시간을 썼고 또 한 시간 반쯤을 달려야 코크에 이르고, 그리고 거기서 두 시간을 더 가야 우리를 오늘 밤 눕힐 곳이 있습니다. 킬라메이에서 코크행(行) 길은 가끔 아름답습니다. 이제서야 아일랜드의 본색을 드러내는 듯, 그래서 완만한 산자락 비탈에 드문드문의 집들에서 초동(樵童)이 아침잠에서 하품을 하고, 목동이 우리 속의 말들을 불러낼 차례가 오고 있는 것 같네요. 양들의 떼들도 보이고요.

코크에 입성(入城)하기 전의 어떤 길목에서 Bar를 만납니다. 물론 양식의 점심입니다. 나는 그 바의 이름과 내가 먹는 음식의 이름을 벌써 깜박하고 있습니다. 한 잔의 맥주 끝에 조금은 거나해지는 기분입니다. 엷은 북청색의 깊은 눈빛, 그리고 그 아래의 짙은 그늘(아이 섀도우) 때문에 더욱 이방(異邦)의 아름다움으로, 그러나 나에게는 조금은 서늘해지는 느낌입니다. 빵과 익힌 감자와 구운 고기를 내 앞에 조용히 내미는 스물 살 너머의 아가씨입니다. 아이릿시어(語)로 수작을 건넵니다. 무어라고요? '나는 子爵(자작)의 아들도 아무것도 아니란다 / 남달리 손이 희어서 슬프구나 /…… / 오오, 異國種(이국종) 강아지야' 또 누구의 시를 빌려서 입니까. 아이고, 이 대낮 동양종(東洋種)의 황옹(黃翁)이 지용의 시 '카페 프란스'에서 꿈벅했네요.

아일랜드 제2의 도시, 어쩌다가 보니, 아직도 고전미로 버티고 있는 조금은 한적한 곳의 감옥소부터 다가갑니다. 그리고 성당을 찾습니다. 이 도시의 짜임제법 선이 굵은 규모입니다. 조금씩은 꾀재재하던 다른 도시와는 달리요. 우리는 이 도시의 거리를 차를 몰면서 얼마간은 헤매다간 또 스치기로 합니다. 갈 길의 재촉입니다.

두 시간 남짓의 동행(東行)이 남아 있습니다. 얼마간 해안을 따르는 여정입니다. 우리의 남해안처럼 이쪽 남녘의 바다도 아름답습니다. 그걸 바라며 산자락의 초원은 어느새 양떼와 소떼의, 그러나 아직도 한가한 저녁나절입니다.

나는 이제 마음이 놓여지고 조금씩 졸려오기 시작합니다.

나는 눈을 부빕니다.

멀리서 피리소리가 들려옵니다.

'조용한 사나이 (The Quiet man)'이네요.

그는 서부극의 말에서 자전거로 바꾸어 탄 존 웨인입니다.

이 젊은이의 구애의 대상은, 아까의 눈빛 짙은 스물 살 안팎의 그녀가 아니고, 섬처녀 모린 오하라입니다. 조용한 사나이가 고집(?)센 아가씨를 신부로 맞아들이는 얘기, 왜 이리 4・50년 전의 영화를 우리는 기억하지요. 아마 '아일랜드 연풍'이기 때문일 것입니다. 어째 그게 '연풍(戀風)'이고 그것도 하필이면 아일랜드의 한 섬에서 말입니까. 자전거를 타고 그녀 가를 돌고 그리고 그들은 섬 바람결에 휘날리고 아마 그랬을 것입니다.

제 3박(泊)의 날, 끝 프로인 워터포드(Waterford)에 닿습니다.
그리고 저녁도 마다하고 잠에 떨어집니다.
꿈에는 조용한 사나이가 됩니다.

〈臥龍英蘭漫遊記 13〉
7월 31일 목요일
아일랜드에서 4일째,

내 고향 7월은
청포도가 익어 가는 시절,
육사(陸史)의, 우리의 7월이 벌써 저뭅니다.
그때만 해도 우리의 고향은 좋았는데 말입니다.
그래서 내가 이리 떠도나요.
아침부터 비입니다.
두 시간 넘어 북상(北上)해서 다시 더블린입니다.

시가(市街)가 비에 젖고 있습니다. 때문인지 사흘 전의 그날보다 정답게, 한층 분위기로 다가옵니다. 시인, 극작가, 소설가들이 이래서 이 도시에서 자란 모양입니다. 우리 차의 네비게이션은 끝내 조이스의 동상 곁으로 우리를 안내하지 못합니다. 이놈은 때로는 침묵해버립니다. 찾아다니는 골목들에 우리가 제대로 반응하지 못하면 그의 신경선도 얽히는 모양입니다. 배가 고파오고, 급한 대로 맥도날도 가게 앞길에 차를 세웁니다. 아이고, 베켓의 더블린에서, 고도를 기다리지 않고, 그것도 비오는 날 말입니다. 내가 영국에서나 이 아일랜드에서나 자주 먹은 것은 핏시 엔드 칩스(fish & chips)입니다. 영국 먹을거리의 형편없음을 빗대는 말에 이런 것이 있다면서요. 이 나라의 대표적인 먹거리는 두 가지인데, 하나는 핏시 엔드 칩스이고 다른 하나는 칩스 엔드 핏시 -, 나도 이것에 자주 목을 달았지만요. 오늘은 쉬기로 합니다. 퍼브에서나 바에서나 그냥 밥(?)만으로는 넘기기 힘듭니다. 피로할 땐 더욱 그렇습니다. 한 잔의 맥주라도 먼저 마셔야 합니다. 나는 대낮부터 붉은 얼굴을 할 수 없다는 생각에 젖어 있고, 얼핏 보인, 시대의 대표적인 얼굴, 맥도날드 가게 앞에서 점심을 때웁니다. 그래도 나는 가게 안으로는 들어가지 않아 외면했다고나 할까요.*

---

*"영국의 대표적 음식 fish and chips !! 아이고, 말도 마세요. 생선으로는 cod라는 통대구 살을 넓적하게 발라 튀긴 것이라지만, 맛이 없기가 실로 형언하기 어려울 지경이니…. 영국 국내 여행 중에는 정거장 같은 곳에서 다른 대안이 없어서 먹을 수밖에 없었지요. 그 큰 생선토막에 토마토 케첩을 쳐발라 꾸역꾸역 넘기던 생각이 납니다. N형도 그 맛을 알고 계시는군요. 대신에 드셨다는 맥도날드 햄버거야 양반 음식이지요." (W)

시가지(市街地)를 무작정 기웃거리다가, 역시 비오는 부두(埠頭)로 갑니다. 차들의 행렬에 따르다가 보면 그 고래 아가리로 빨려가게 마련이니, 내 피로는 일찌감치 거기로 나를 몰아댑니다. 네 시의 출항(出航)인데 세 시가 넘으면서 개찰(改札)입니다.

귀로의 오늘은 레스토랑 모양새의 테이블에 앉게 됩니다.

어쩔래요. 이제는 어쩔래요.

'예낭 風物誌(풍물지)'의 작가 이병주는 어제 밤부터 벌써 거나했을 것입니다. 그리고는 내뱉을 것입니다. 아일랜드에 오면서 아니 더블린을, 그것도 비오는 날 떠나면서 운전대의 안전벨트를 걱정하다니. 아이고 그렇고 말고요.

전세기(前世紀) '92년인가, 백두산을 찾으면서, 인천에서 산동성(山東省)의 위해(衛海)로 건너는데, 우리 일행의 가장 연상배(年上輩)에 S대학의 신문학과 원로 교수 한 분 있었어요. 나중에 알고 보니 그는 일찍이 독일에서 공부한 신문학박사의 일호라고 했어요. 저녁에 떠난 기선이 다음 날 아침 그쪽 공무원들이 출근해서 사무실의 문을 연 후라야 기항(寄港)케 되는 황해의 그 밤 내내의 시간을, 그는 홀로 술잔을 기울고 있었지요. 깊은 인생은 그쯤이라야 되는 모양입니다.*

선실(船室)을 거니려니 내 걸음이 아주 기웃거립니다.

우리는, 그러고 보니, 맥주 한 잔도 기울지 못한 나까지

한껏 낭만(浪漫)을 타고 있는 셈입니다.

옆 자리의, 한 패밀리의 건강한 가장(家長)은 체구(體軀)를 배의 바닥에 온통 눕힙니다. 바다의 물결을 절실히 체감(體感)하고 싶은 모양이지요. 저쪽 이물 가의, 딸 둘과 아들 하나를 더분 뚱뚱한 내외분의 식구(食口)들은, 참 부지런히도 먹을거리를 갖다 나릅니다.

그러나 이들의 저 너머에는 참 좋은 배경이 있습니다.

내가 '동그란 船窓(선창)'만을 찾다가 실망했던 그날과는 달리, 비록 조금은 흐릿하였으나,

눈 비비니 눈비비니 온통 물결의 바다입니다.
그리고, 그리고 말입니다.
그 넓은 투명체의 온통의 선창에는
마구 쏟아지고 있는 빗줄기의 대단한 세례입니다.
지붕의 갑판에서 흘러내리는 모양입니다.
내 한껏 젊으면, 저 갑판 위에 오르려니, 그리고 빗줄기를 맞으려니.
여기는 북해 밑의, 아이릿시해(海), 웨일즈와 아일랜드의 해협입니다.
장대같은 빗줄기라니.

*"아일랜드에 체재하시는 동안 Guinness 맥주는 맛 보셨겠지요? 조이스의 〈율리시즈〉를 읽다가 알게 된 명주인지라 저는 아주 오래 전부터 즐겨 마신답니다. 더블린에 도착하여 여장을 풀자마자 찾아간 곳이 시내의 어느 tavern이었고 물론 바텐더에게 청한 것은 반 파인트의 기네스맥주였습니다. 지금은 우리나라에서도 쉽게 구해서 맛볼 수 있기에, 이 메일을 쓰면서도 한 잔을 들고 있답니다." (W)

바다의 거센 바람과 세찬 빗줄기가 우리가 타고온 이 거대한 고래의 Holyhead 항 기착(寄着)을 좀 늦춘 듯, 여섯 시 반을 넘고 있습니다.

빗줄기는 약해지고 있습니다.

되돌아가고 있는 M56의 동행(東行) 길, 웨일즈 해변은 거듭 아름답습니다. Bangor bay, Colwyn bay, 그 만(灣)들의 모랫벌의 톱에서는 파도가 빠져나간 물결의 흔적을 아득히 드러내고 있습니다. 그 너머 기슭 해변의 도시들이 아름답습니다. 동행(同行)의 꼬맹이가 '바다에 도시가 떠 있다'고 시인이 되어 외칩니다.

먼 귀로(歸路)를, 세 시간으로 단축해서 아홉 시 반에 돌아옵니다.

베이스캠프 Cottage로요,

내 아일랜드 삼사일(三·四日)의 모두입니다.

〔부록 2〕

7일간의 병상기

1. 시스템 혹은 불씨
2. 적막강산
3. 내밀
4. 장내시경실에서
5. 네가 퍼덕이네
6. 무제
7. 퇴원
8. 병원 휴게실 풍경
9. 병실의 전화기
10. 여적(餘滴)

- 이상, 입원 중 병원 휴게실에 설치된 컴퓨터로 몇 친구들에게 전자메일로 보낸 것입니다.

(2010년 2월)

〔병상일기〕 1

시스템 혹은 불씨

내가 응급실에 실려가면 간호원이 좇아오고 레지던트가 따르고 그날의 담당의가 그 혼잡 속에서 얼굴을 내민다 그새
이동식 내 침대를 아니면 휠체어를 밀고 가는 젊은이가 X-레이 촬영실에 갔다 온다 중년의 남자는 날 병실에 실어다 준다 내 팔목엔 어느새 주사바늘이, 그래서 병자의 상징처럼 깃대가 링거 폴대가 세워진다 이 빈틈없는 짜임에 나는 틀림없이 고객 코드 몇번이 된다 무수한 점들이 조여지는 이 시스템에 나는 안주한다
17층 병동의 북창에 야광의 빌딩들이 환하다 왜 명품의 회사일수록 밤의 빌딩은 그 완벽의 불빛으로 우리를 압도하는가 불씨 때문인가 대낮의 태양빛을 저대로 이어가자는 것인가.
피를 토한 내 뱃속은 내내 불안하다 거기 내시경(內視鏡)이 불을 밝힌다 저 벽에 붙은 Diseases of the digestive system의 입체적인 그림 내 이 시스템에 문제가 생겼다.
밤하늘에 별들이 떨고
처마 끝에 달린 지등(紙燈)의 빛이 졸고
그리고 방에는
어머니가 되살리는, 화로 속의

불씨가 사그러질 듯하다가
사랑방의 할아버지의 기침소리에
되살아난다.
혼곤(昏困)한,
누가 날 흔든다
병원의 시스템이
작용하겠지,
반딧불이어
반딧불이어
그리고
내 이 불씨의
이 혼곤함이어.

적막강산(寂寞江山)

내시경 검사실행의 대기실에서 한쪽 벽 가의 이동용 침대에 누워 넓디넓은 흰 벽을 바라는데 저 위 벽의 띠처럼의 긴 등의 행렬, 그 등갓의 구획으로 불빛은 위로만 환한데 그 환함이 한 순간 적막강산이라네
그 아래의 불빛 죽인 눈높이까지의 차분함이 아니라 어째서 불빛의 세계가 적막강산이라오 거기서 한 시간너머의 지루함과 초조함을 그것 때문에 잃고 있는데 아, 그건 반세기 전의 우리들 농촌의 한 방의 형광등의 그 적막세계를 보아서였는가 처마끝의 햇빛은 지창(紙窓)으로 스며들어와 그 형광의 불빛과 딴에는 놀고 있는데 왜 그리 적막강산이었을까
하늘의 광막(廣漠)이 아니고
저 들길의 끝
그때의 막막함이었을까
그래,
이제는 제법 보인다고
말해야겠지,
너무 비어 내 시경(視境)이
머물 수 없는 저 하늘이 아니라
억지라도 뚜벅뚜벅

따라갈 수 있는
내 나이의 눈길에
아 다들 들판에 가고
햇빛과 형광의 긴 등이
하루의 내내 지쳐 있던
그 적막강산으로 차오네
그러하더라도 어찌
하필 지금 그러한가
저 팔십 백발노인의
구절(九折)의 장(腸)을 등불 빛 하나로
따라가 보아라
오, 적막강산이리니.

〔병상일기〕 3

내밀(內密)

내장을
다 비우라고
한다
물을 채우고
쏟아내서라도
비우라고 한다
이러고 난 뒤
새벽녘
내 내장은
무엇을 만날까
텅 빔을,
이보다 앞서
내 정신이
비어오네
이 빔과 저 텅빔의
내 내장에
성욕처럼

내시경을 들이민다
오, 이
내밀(內密)이어

〔병상일기〕 4

腸內視鏡室에서

아프지 않는가 등 뒤에서 물어 주었을 때 그 목소리는
내 臀部의 全裸의 곡선을 미끄러져 오는데도 아득하다
당신의 손이 때로 그 고갯길에 스칠 때 비닐 장갑은 내
감각을 방해하지 않는다
이번에는 그 언덕 이쪽의 助手에게
무엇이라고 그너머에서 지시한다
순간 여자의 손길이 스친다,
어둔 방에서의 失手, 이 따뜻함,
새우처럼 등을 바짝 굽히고 있는
나를 움찔케 하나니,
모니터의 한 화면의 대목이 그냥
지나간다 되감기의 리모컨이 없다
나에겐 鈍部가 있고
그리고 眼面이 있고
오지 않는 睡眠이 있다
기슭에 모로 누워 있는
북한강의 水面도 평행으로

찰싹대면서
내 볼에 흐른다
그래
철썩이어라
장강(腸江)의 구비에까지.

〔병상일기〕 5

네가 퍼덕이네

어지러워
어지러워
저 순수의 빛과
軟黃의 링거액 팩 사이에
빨간 네가
퍼덕이네
나도 네처럼
O型이라고
하고
그래서
이제 뭐 할래
하긴 뭐 할래
순수와 노랑의
틈바구니에서
주막집의 선머슴아
역마살의 네가
아. 벌써 나에게서
퍼덕이네.

無題

나는
옹졸해서
여행을 해도

호강하구나
미음
죽
먹고
호강하구나

殘雪
지금은 분분한 눈발
저 山너머
내 집

오늘은 호강하구나

〔병상일기〕 7

退院

A씨도 가고
B씨도 서둘러
퇴원 수속을 밟는다
열 아홉째 항암 치료
땜에 사흘 밤을 지낸
A씨는 그 민머리의 얼굴에
스킨로션을, 손바닥 두들기며
여정의 끝을, 이 호텔에서
총총히 떠나고
그 시트에 들어온
B씨는 B형 간염의 급성으로
서둘러 왔다가, 젊은이답게
또 서둘러 여정을 끝내련다.

여행에서 돌아가는
고속도로 끝머리에서
日常으로 돌아감이

멋쩍어
日暮 시간까지
기다리고픈 心情,
홀로 남은
병실에서

겨자 먹으며
울며
나는
서성이네.

〔병상일기〕 8

병원 휴게실 풍경

1
• • 암 면역세포 치료제 임상연구
참가자를 모집…
지원자격
18세 - 75세 이하의 진행성 • • 암
환자, 시험자에 의해 본임상 시험에
적합하다고 판단되는 자.

-간호실 건너편의
긴 회랑의 중간쯤에 불쑥 내밀면서
생긴 휴게실의 한 벽에 안내 광고가
붙어 있다. 내 인지認知가 거기에서 느리고
느리다.
그 아래에 조금 비껴서 인터넷 접속
PC의 모니터에는 아까부터 다음과
같은 화면이 뜨고 있다.

표준모드 Window 시작
아래 화살표를 사용하여 시작하려는
운영체계로 이동하십시오
Window를 시작할 때의 남은 시간(초) 28 - 0
▶▶▶▶▶
- (빈 ⇨표가 까맣게 차례로 급히 채워지고는 사라진다)
28에서 0으로 다시 28로
내내 이의 연속,
0에서 다시 1,2,3……
제발, 제발……
(내 두 손은 기도하고 있다.)

2
장의 일부가 주머니처럼 부풀어, 거기 소화물이 내려가다가 얹혀 쉬는 곳 게실憩室, 그러니까 나는 이 휴게실 벽의 실핏줄이 터진 모양, 문명적인 식사가 이 공간에 오래 닻을 내리면 문제가 많아질 수 있다니.
내 식성은 비문명적인데
쉬엄쉬엄 돛을 달았던 듯.

3
나는 조금
졸고 있다
그새, 간호사가 내 링거 폴대에 수혈 팩을 바꾼다.

또 낯선 놈이 내 안에서 돌고 있으렷다.
병원의 휴게실,
소화관의 게실,
입춘과 우수 사이
내 가령현상(加齡現象)이
1765호 입원실행의
길에서 머뭇거리고 있다.

〔병상일기〕 9

病室의 전화기

퇴원하느라 머리맡께의 약봉지며를 챙기느라 그때 처음으로 보았네 그 조금 위 선반에 전화기가 있음을. 어째 저게 한 번도 안 울렸지 세상 살아가느라 수없이 울리던 것이.
링거 폴대의 전신주에서 휘돌아 맴돌아 내 팔목에 아니
핏줄에 이어지는 저 생명의 속삭임에 내가 빠져서였을까.
어릴 때의 종이 전화기를 우리는 알지.
원통으로 둘둘 말아, 거기서 나온 실줄기가
내 종이말이에 이어지고,
어이, 어이,
코앞에 둔 친구, 네 숨소리와 내 소리로만
그 외줄의 曲藝,
아뿔사 떨어진다
얼기설기 링거 튜우브에서
방울방울 이어지며
저 조용했던 전화기
신호가 떨어진다
떨어진다.

〔병상일기〕 10

餘滴

어떻게 해야지
서해안 바다의 갯벌에
멀어져 가는
그 2악장에만 실리지 말고
오
빵빠라 팡이다
팡파라 빵이다
그렇지 않는가
친구네야

〈평설〉

초우재 거사(居士)의 초상*

곽광수(서울대 명예교수, 불문학)

내가 남정(南汀: 저자의 호) 선생을 알게 된 이후 어느 때부터 「초우재 통신」을 받아보게 되었는데, 처음부터 너무나 즐거워하며 읽었기에 따로 모아둔 그 편지들을 지금 다시 꺼내 보니, 그 첫째 번 것이 「초우재 통신 (70)」이고, 마지막 것이 「초우재 통신 (105)」이다. 그것은 어쨌든, 이제 「초우재 통신 (1)~(53)」이 이렇게 책으로 모아져 나오게 되어, 앞서 읽지 못했던 이 부분을 한꺼번에 읽으면서 나는 다시 즐거움을 만끽한다….

초우재는 저자의 서실(書室) 당호(堂號)인데, 그는 〈아랫동네에서 35년이나 한 집에서 살다가 수년 전(더 정확히는 〈한 오년 전〉, 따라서 인용출처 「통신」의 발신일이 2003년 2월이니, 2000년 조금 못 미친 때인 듯)에 산 위쪽으로〉 이사한 집의 별채인 모양이다. 그러나 비가 쏟아지면 〈방 앞 축담에 벗어놓은 신발부터 치워야〉 하고 〈안채에 건너갈 때는 우산으로 낙수물을 받아야〉 하는, 무척

---

*이 평설은 『촌내기의 오래오랜 떨림』(초우재 통신 1)을 대상으로 한 것이나, 이 통신들을 통해 평설의 필자가 그려본 저자의 초상은 적어도 필자 자신에게는 『지난지난 세기의 표정으로』(초우재 통신 2)에서도 그대로 나타나리라고 생각된다.

불편한, —그리고 쏟아지는 비가 많으면 〈천장도 살〔펴야〕〉 하고 가족들이 거기에 붙어 있는 〈화장실의 낙후성〉을 나무라는 〈漏屋〉에 가까운 〈陋屋〉이다. 그래 초우재를 방문했던 옛 제자가 〈세상에 아직 이렇게 살아가는 집채가 있다니!〉라는 탄성을 나중에 스승에게 보낸 편지에 담았을 정도이다.

하지만 얼마나 멋있고 아름다운 누옥인가!… 〈여름철에는 나무잎과 풀들이 하도 무성해서〉 그 이름이 〈草友齋〉가 아닌가!… 전체 통신문들 가운데 초우재와 그 주변을 상상시키는 언급이 스무 남은 군데 나온다. 그 주변은 〈집채라고는 너댓밖에 안 〔되는〕〉 〈산골 비슷한 마을〉로, 심지어 한 목사의 〈기도옥(祈禱屋)〉이 그 가운데 하나일 정도이다. 그러나 봄이면 그 〈앞뜰에 살구꽃과 앵두꽃이 갑자기〉 피어나고, 여름이면 〈참나리꽃〉, 〈원추리〉, 〈장미〉, 〈맥문동〉이, 그리고 또 〈이름 없는 꽃들이〉 〈가난한 〔그〕 뜰〉을 꾸미는데, 거기에 덧붙여 〈열무밭〉이 있고, 그 모두를 내려다보는 감나무도 있다. 또 그런가 하면 거기에는 〈돌확에서 고운 꽃을 피우〔는〕〉 수련도 있다. 그리고 뒤울안에는 큰 은행나무가 서 있다. 한편 가을을 거쳐 겨울이 되면, 그 〈뜰 끝에서 이어져 간 밋밋한 구릉의 산자락〉을 가득 채우고 있는 〈키 큰 아카시아 나무들의 벌거벗은 모습〉은 〈연필화의 데생〉 같은 아름다움을 보여주는 것이다. 그리고 철 따라 〈산 언저리에서 온갖 벌레 우는 소리, 새소리들에 빠〔져〕〉 들게 하기도 한다. 그 뜰을 개와 고양이가 지켜준다….

멀지 않은 곳에 Y대학이 있는 서울 한 가운데 이런 별천지를 이루고 있는 초우재 답게 그 주인은 여름에 모기장을 이용한다!… 하기야 그의 말대로 〈아이고, 서울에서 모기장이라니 하겠지만, 이 우거진 풀들과 숲에서의 안전지대는 이 세계밖에 없으니까요.〉 물론 그의 이 말을 그대로 믿어서는 안된다. 남들처럼 망창문과 망문을 덧붙이면 될 테니까. 무엇보다도 〈나는 때로는, 자기 집 조그마한 뜰에 텐트를 쳐놓고 재미있어 하는 어린애들의 소꿉놀이처럼 모기장 속에서의 여름나기를 즐깁니다〉라는 그 스스로의 다른 말이 위의 말을 헛된 핑계라고 부정한다. 하지만 그것뿐인가?

어둠은 더욱 그렇겠지만 달빛이 스스럼없이 스며듭니다. 그러나 그 빛은 여과되어 들어오는, 세상먼지를 걸러내고 스며온 느낌입니다.

매이(梅伊), 모기장 속에서 음악을 들어본 일이 있나요. 묘하게도 그 소리도 모기장의 자상한 그물에 걸러서 들어온, 그래서 그것은 수천의 명주실의 섬세함으로 귀에 스며 와요.

그래 〈드볼작 9번의 KBS 교향악단 연주를〉 중계로 모기장 안에서 듣다가, 그는 〈놀랍게도 찔끔거〔리기〕〉까지 한다. 너무 감동하면 눈물이 나오는 법이니까. 여기서 우리는 모기장의 기이한 심미적 기능을 접하고 있다!…

초우재가 갖추고 있는 것으로서 기발한 것으로, 고아(古雅)한(!) 것이 모기장이라면, 첨단적인 것 — 적어도 우리나라에서는 — 은 벽난로이다. 벽난로가 설치되기까지의 긴 이야기가 「통신 (31)」에 나온다. 그 스스로 말한 〈벽난로에 대한 열망〉을 이루기 위해 마음에 드는 벽난로를 찾아 서울과 경기도 일원의 점포들을 헤매다가 실패하고, 언젠가 어느 집에서 한 번 본적이 있는 이상적인 벽난로를 떠올리고 그 집을 되찾아 가, 그 모든 부분의 치수를 재어 가지고 돌아와, 박스 종이로 그 모형을 만들어, 그것을 아는 공업사에 가지고 가서 특정의 재료(주물)를 써서 그대로 만들어 주기를 주문했다는 것이다!… 이것은 보통 열정과 집념이 아니다. 그 스스로도 〈누가 알면 어지간히 번잡하게 그래서 할 일 없는 사람이라고 흉볼 것입니다〉라고 말하고 있는데, 그 말이 뜻하는, 쓸 데 없는 짓

거리라는 것은 심미적인 활동의 숨어 있는 성격의 하나이다. 그에게 벽난로의 꿈을 실현케 한 직접적인 계기는 다른 데 있지만, 그 꿈을 가지게 한 것은 그 이야기를 시작하면서 인용한 예이츠의 한 시편 「그대가 늙었을 때」의 첫 연이었던 모양인데, 그 첫 두 행에 〈벽난로〉의 이미지가 나오는 것이다. 그는 줄곧

> 그대가 늙어 백발이 되고
> 잠이 많아져 벽난로 가에서 고개를 끄덕일 때

의 그런 〈분위기의 고물의 고전적인 느낌의 것〉을 구하려고 했던 것이다. 그 멋있는 분위기가 그 꿈의 기원이었다는 것은 당연하게 여겨진다.

그러니 초우재 거사가 문학과 예술의 열정적인 애호가인 것은 어쩔 수 없는 일이다(물론 문학이야 그가 문학교수였고 시인이니 애호가가 아니라 전문가이지만). 초우재의 아름다움을 이야기한 다음 이렇게 말하는 것은 지지난 세기의 발자크 경우와 같은 환경 결정론을 연상시킬 수 있어서, 오해의 여지가 있다. 예컨대 『고리오 영감』에서 보케 부인이 운영하는 하숙집을, 그 주인과 하숙인들을 소개하기 전에 지루하기 짝이 없이 그 집과 그 구역을 묘사한 것과 같은 것은 아니다. 실존주의자들이 인간의 궁극적인 기도(企圖)에 비추어 인간 행동들을 설명하려고 한 것을, 역 결정론이라고 규정한 사람들이 있는데, 초우재의 아름다움과 그 주인의 관계가 그런 것이다. 초우재 거사의 심미적 지향이 초우재를 아름답게 하는 것이다. 벽난로의 에피소드는 그 지향이 얼마나 집요한지 잘 알려준다. 벽난로의 경우는 그 설치과정의 가지가지 우여곡절이 그 지향을 쉽게 드러내지만, 그러나 초우재와 그 주변 풍경은 기실 그렇게 단순하지는 않다. 나는 위에서 〈하지만 얼마나 멋있고 아름다운 누옥인가!…〉라고 말했지만, 초우재는 기실

객관적으로 그런 탄성을 받을 만한 모습은 아닐지 모른다. 〈세상에 아직 이렇게 살아가는 집채가 있다니!〉라는 그 제자의 말이나, 초우재를 그 주인 스스로 〈겨울처럼 차고, 개떡같〔다〕〉고 하거나, 여러 가지 꽃들이 장식하고 있는 그 뜰을 〈가난〉(이 표현이 겸손의 뜻을 담고 있는 것은 아닌 것 같다) 하다고 한 말은 그것을 증명한다고 하겠다. 사실 객관적으로는 초우재와 그 주변 풍경은 범상하다고까지는 하지 않더라도 그런 누옥을 담고 있는 그만한 풍경이 그리 드물지는 않을 것이다. 그렇다면 한 **소박한** 독자로서의 나의 위의 탄성 어린 말은 어디에 기인하는가? 그것을 촉발한 것이 바로 초우재 거사의 편지를 통해 전해오는 그의 심미적 지향인 것이다. 즉 그는 그 풍경을 아름답게 보려는 의지에 차 있다. 바슐라르의 말을 빈다면, 〈관조의 유혹은 의지의 영역에 속하는 것이다. 관조한다 함은 의지에 대립하는 게 아니다. 그것은 의지의 다른 한 분지를 따르는 것이며, 전체적인 의지의 한 요소인 미의지(美意志)에 참여하는 것이다.〉 여기서 문제되고 있는 화자(작가)와 대화자(독자) 사이의 관계를 분석하는, 화용론이라는 언어학의 한 새로운 분야가 있지만, 쓸 데 없이 아는 체할 것 없이, 독자들이 이 편지들을 **소박하게** 읽으면, 나처럼 그 풍경을 아름답게 느낄 것이고, 그것의 실제적인 평범함과 그 느낌의 거리를 확인한다면, 내 주장에 설득될 것이다.

과연 초우재 거사의 문학·예술 애호열은 대단하다. 전 통신문들을 통해 그림·음악·문학 작품들에 대한 이야기가 무슨 꼬투리가 있기만 하면 튀어 나온다….

그리하여 비오는 어느 봄날 밤 마당 정리를 하러 나왔다가, 대문 밖에 나가 켠 외등(外燈) 빛에 밝혀진 산자락 길 흙바닥에 빗물이 〈스미〉는 것을 보고 들어와, 고흐의 화집을 꺼내어 귀 자른 자화상을 보며, 그 작품이 다른 사람들과의 대화가 그처럼 〈'스며'들지 않는 귀에 대해 그야말로 화난 데서 온 것이 아닌지〉 생각하기도 하고, 운보 화집에서 〈일세지(一細枝) 수삼실(數三實)〉의 감 정물화를 보며 그 아끼고 아낀 운필과 채색에서 말을 복잡하지 않게 하는 모범을 은유적으로 발견하려 하기도 하는 것이다. 그러나 그의 열정적인 예술 애호열에 걸맞는 에피소드가 있는데, 어느 대학가의 길가에 버려진 복사본 그림을 주워온 이야기이다. 〈반쯤은 구겨진 커가란, 낯익은 〔그〕 그림〉은 〈물론 〔…〕 영인판이지만 놀랍게도 반 고흐의 「밤의 카페」〉였다는 것이다. 〈이 대단한 작품을 들고 와서 한쪽 벽에 세워놓고는, 밤하늘에는 별이 보이는 거리의 카페 분위기에 요새 자주 젖〔는다〕〉는 것인데, 그것이 〈원화보다는 조금 작〔다〕〉는 것을 언급하며, 마음속으로 원화를 본 기억을 떠올렸을 것이다….

그런데 예술 사랑에 구색을 맞추는 게 커피 사랑일지 모른다(적어도, 음악과 그림을 축음기나 영인판으로 다소나마 대중적으로 접하게 된 첫 세대일 것 같은 남정 선생 같은 분에게 있어서는. 그것은 영인판 명화들을 걸어놓기도 한 지난날의 **음악감상실(다방)** 때문일까? 아니면 서양문화가 일본을 통해 유입될 당시의 이효석 같은 문인이나 기타 예술인들 때문일까?). 「밤의 카페」를 주워온 에피소드를 그가 이야기하게 되는 계기가, 에곤 쉴레라는 오스트리아 화가에게 빠져 있는 그의 제자 매이(또 다른 화가와 또 다른 예술 애호가, 이 자리에서 제격이지 않은가!)가 보내준 고급 취향 상표의 원두커피 다관기(茶罐器)였다는 사실이 이 구색을 잘 말해준다. 그리하여 〈한 때〉 〈수십 리 시골길을 오〔가게〕〉 했던 그의 〈커피에 대한 뜨거운 열정〉을, 위에서 언급된 바로 그 심미적 기능의 모기장을 고흐의 「밤의 카페」삼아(!), 〈연출해 보〔겠다〕〉는 것이다….

다른 한편, 그 귀하게 만든 벽난로 위에는 미국의 다른 한 제자가 보내준 여류화가 G. 오키프의 「빨간 칸나」의 영인판을 올려놓았는데, 이제 〈불길의 강렬함으로 다가오는〉 그 〈꽃잎〉을 피해, 다른 한 지인이 파리의 오르세 미술관에서 사

보내준 모네의 「수련」의 영인판으로 바꿔놓을 생각을 하고 있다.

여행길에 장생포 항에 들렀다가 운 좋게 바닷가 새벽 놀의 〈저 황홀한 빛깔〉을 보며, 그는 〈어쩔 수 없이 油畵의 물감입니다. 흰빛에 빨강을, 빨강에 흰빛을 이겨본 일이 있습니까. 붓이 아니라 그 混色用 칼질입니다. 지금의 기분 같아서는〔…〕 서툴지라도 시작해보고 싶습니다〉라고 말하고 있는데, 옛날 유화를 배운 적이 있는지?… 하기야 〈나는 대학에 시간으로 출강하면서 조그마한 카페에 포켓무대를 만들고 연극의 언저리에 서성대던 즈음〉을 이야기하는 데가 있는데, 연극 제작에도 손댄 적이 있다는 그로서는 유화 공부도 했을지 모른다.

음악으로 이야기를 돌리자면, 초우재에는 친구 〈C형이 나에게 선물한 오디오 세트〉가 있고, 〈누구누구들의 布施로 이제 몇 장의 판들이 내 書架의 책갈피 속을 비집고 있〔다〕〉는데, 이 겸손한 말은 그야말로 겸손이라는 것을 독자들은 그의 음악 이야기를 들으면서 금방 알 수 있다. 예술을, 일반적으로 무엇을 사랑한다는 것은, 양적으로가 아니라 질적으로, 즉 얼마나 깊이 알고 느끼는가가 더 본질적인 게 아니겠는가? 〈베토벤의 피아노 소나타 8, 14, 21, 23번이 수록되어 있는 빌헬름 켐프(Wilhelm Kempff)의 연주, 이 네 곡을, 더욱이 21번의 '발트스타인'을〉 〈한 이태동안 〔…〕잠들기 전에 자주〉 〈들으면서 나는 내내 희열했〔다〕〉고 하고, 그것은 〈나로 하여금, 이 나이에도 한 권의 소설을 쓰도록 충동질을〉 했으며, 오디오 기기의 고장으로 그것을 들을 수 없게 되자 〈내 심장의 박동이 때로 리듬이 얼크러질 때가〉 생기기까지 했다는 것이다. 보들레르는 그가 사랑하는 화가들의 작품들을 보고 「등대들」(『악의 꽃』)을 썼지만, 한 예술가가 자기 장르가 아닌 예술에서 영감을 얻는 것이 그리 흔한 것은 아니다. 보들레르는 당대의 가장 뛰어난 미술비평가의 한 사람이었을 정도로 미술을 사랑한 사람이었던 것이다. 초우재 거사가 베토벤 소나타 21번을 듣고 쓰는 소설은 어떤 작품일까?… 부디 그가 그 작품을 포기하지 말기를!…

위의 빌헬름 켐프 연주의 베토벤 소나타들을 수록하고 있는 것은 CD인 모양인데, 초우재에는 그것들을 담고 있는, 빌헬름 바카우스(Wilhelm Backhaus) 연주의 데카판 LP판도 있다고 한다. 연주라는 매개를 통해야 구현되는 음악은 당연히 연주자에 따라 다른 심미적 효과, 다른 감동을 일으킬 것이므로, 음악 애호가들은 흔히, 같은 작품이라도 여러 연주자들이 취입한 음반들을 가지고 싶어 하고, 우리나라에서도 이젠 한 작품의 그런 다른 음반들을 쉽게 구할 수 있게 되었으니, 내 친구들 가운데도 음반들을 그렇게 갖춘 음악 애호가들이 있다. 그러니 초우재 거사가 CD 〈수천 장이 소장된 진열장〉이 있다는 친구 C나, 옛날 〈4·5천 장의 CD〉을 가지고 있었다는 친구 S 같은 음악광들과, 또 다른 음악 애호가인 옛 제자와 나누는 대화에서, 모차르트 피아노 협주곡 22, 23을 두고 피아노 연주자가 미츠코 우치다인 것이 너무 좋다거나, 20, 21번을 두고 바렌보임이 피아노 연주자인 것이 〈눈물이 핑 돌기까지〉 한다는 말이 나타나는 것(그 말들의 화자들은 그가 아니지만, 그가 그들의 말들을 이해할 사람이라는 것을 그들은 알고 있고, 즉 그것이 전제되어 있다)은 당연히 이해된다고 하겠다. 그런데 이보다는 한결 더 비범하게(어원적으로) 음악에 대한 그의 관심을 보여주는 사례가, 방금 말한 이야기를 담고 있는 통신문에 나온다. 그는 어느 신문이 연재했던 한 화가의 『신화첩기행』이라는 기행문의 어느 날 치의 부분에서 긴 인용을 하고 있는데, 그 인용의 맥락이 너무 희미한 것이다. 그 인용은 유명한 레코드회사 텔덱(TELDEC)에서 **다니엘 바렌보임이 지휘하는 오케스트라**의 녹음을 담당했던 이두현이라는 한국인 음향학자가 말한 〈베를린의 거대한 음악적 분위기〉를 서술하고 있을 뿐이고, 그 통신문에서 화제가 되고 있는 모차르트 피아노 협주곡 20-23들과의 관계는 **20, 21번의 피아노 협연자 다니엘 바렌보임**이라는 이름밖에 없는 것이다. 내 짐작으로는 그는, 그 음향학자가 우리나라에서 경제학을 공부하고 베를린에 유학하다가 자신의 전공까지 바꾸게 한 그 〈베를린의 거대한 음악적 분위기〉를 말하는 것을 읽고, 필시 그의 음악 사랑이 부추겼을 상상 가운데 그 분위기에 혹했을 것이다. 그리고 관심이 가는 것은 무엇이든, 어떤 글에서든, 노트해 놓는 그의 성벽으로 그 인용 부분을 적어 놓았을 것이다…. 이젠 그 분위기를 현지 여행으로 접했을지 모른다….

그는 한 통신문에서 〈혹시 좋은 연극을 보고, 아니면 영화를 보고[…] 흥분한 일은 없나요〉라고 묻기도 하는데, 통신문들 전체를 통해 연극·영화는 서너 번 간단히 작품명만(「엘비라 마디간(Elvira Madigan)」만은 그렇지 않지만)언급되어 있다. 위에 나온 문제의 모차르트 피아노 협주곡 21의 몇 소절이 배경 음악으로 계속 반복된다는, 아름답고 슬픈 영화 「엘비라 마디간」을 나는 보지 못했는데, 꼭 한번 비데오나 CD를 구해 볼 생각이다. 한 때 연극 제작에 참여하기도 했다는 그가 연극을 흥미 있게 이야기하고 있는 곳이 없어서(적어도 내 검토가 틀림없다면) 아쉽다.

자, 이제 문학으로 이야기를 옮겨보자. 초우재 거사의 전문분야가 문학이니, 문학적인 내용이 가장 많은 것은 당연하다. 어디에선가 지난날에 간행된 자신의 시문집이 언급되어 있는데, 이 책도 편지 형식을 취하고는 있지만, 시문집이라고 하겠다. 한 차례 조사해 보니, 저자 자신의 글로서 전체적으로나 부분적으로나 독립적으로 인용된 것들이 30여개 되는데, 이 가운데 4분의 3가량이 시이고, 또 다른 시인·작가들의 글로서 지문 가운데 짧은 인용을 끼워 넣은 것들 말고 독립적으로 인용된 것들이, 시와 소설·산문 양쪽에서 각각 20여개이다. 그러므로 시의 경우 평균적으로 계산하면, 거의 모든 편지가 저자 자신이나 다른 시인의 작품을 한편 정도 담고 있는 셈이 된다. 게다가 전체 지문들의 적지 않은 부분들에서, 외형적으로 시작품처럼 행이 면의 끝까지 가지 않고 행 갈음 되어 있다. 그리고 이것은 쓸 데 없는 지적이 아니다. 주네트라는 프랑스 시학자의 주장에 의하면, 시적 언어란 일상어와 다른 특별한 〈형태〉의 언어라기보다는 그 주위에 〈침묵의 여백〉을 형성시켜 후자에서 고절됨으로써 〈하나의 상태, 상당한 정도의 현존성, 강렬성이 되는〉 언어라고 한다. 바로 그렇기 때문에, 그것은 언어의 여러 차원에서 일상어와 다른 형태를 전혀 취하지 않더라도, 그 〈침묵의 여백〉을 촉발하는 듯한 면의 여백을 형성시키는, 시편의 행갈음만은 쉽게 포기하지 않는다는 것이다. 저자가 지문을 시편처럼 행 갈음한 것이 의도적이었는지 아닌지 알 수 없지만, 어쨌든 대부분의 통신문들이 전체적으로 잠겨 있는 듯한 시적인 분위기에 그런 부분들이 기여하고 있다는 것은 쉽게 느껴진다.

발레리는 그의 저 유명한 텍스트 「시에 대하여」에서 시(poésie)의 두 가지 뜻을 구별하고 있는데, 흔히 혼동되는 그 두 뜻의 하나는 〈어떤 종류의 감동, 어떤 특별한 감동적인 상태를 〔…〕 가리키는데, 그 감동은 아주 다양한 대상들이나 상황들에 의해 촉발된 수 있다. 우리들은 하나의 풍경을 두고 그것이 시적이라고 말하고, 삶의 어떤 상황을 두고, 때로는 어떤 사람을 두고도 그렇게 말한다.〉 다른 하나의 뜻은 물론 우리들이 잘 알고 있는 하나의 예술, 그런 〈시적 감동이 저절로 이루어지는 자연적인 조건들 밖에서, 언어의 기교를 이용하여 원하는 대로 그것을 복원하〔는〕〉 언어예술을 가리키는 것이다(전후자를 나나름으로 시성(詩性 poésie)과 시작품(poème)으로 구별해 부르기로 한다). 그리고 그는 이렇게 덧붙인다. 〈그러나 사람들은 매번 그 두 생각을 혼동하고, 그로써 많은 판단들, 이론들, 심지어 저작들이 그것들의 원리에서부터 그르치게 되는 결과에 이르는 것이다.〉

위에서 나는 대부분의 통신문들이 잠겨있는 듯한 시적인 분위기를 말했는데,

그것이 발레리가 뜻하는 시성이라는 것은 금방 이해될 것이다. 즉 발레리가 말하듯이, 거기에서 저자가 이야기하고 있는 여러 가지 사물들, 풍경들, 사건들, 어떤 인물들은 시성을 불러일으키는 것이다.

초우재 통신을 시작하게 된 계기가 낡은 자전거에 있다는 말이 통신 (10)에 나오지만, 과연 통신 (1)은 그 자전거에 관한 이야기이다. 저자가 어릴 때부터 따르던 외종형이 새벽잠이 없어서 새벽에 자전거를 타다가 동 트는 것을 맞곤 한다는데, 그러다가 어디에서 버려진 중고자전거를 주워 그에게 가져가 타라고 한다. 그러나 산 중턱 가까이 있는 초우재에서는 비탈길 때문에 그 제안이 탐탁지 않았지만, 그는 그것을 자전거포에서 수선시켜, 밤중에 차로 초우재 뜰에 가져다 놓는다.

> 그런데 말입니다.
>
> 아침에 일어나자마자 창을 통해서 그것이 내 눈에 들어왔는데,
>
> 밤의 어둠을 지새고 아침 햇살에 은륜(銀輪)으로 내 눈에 다가서는 그것이, 아니 그것으로 해서 초우재가 그리 평화롭게 보일 수 없었습니다. 그리 여유 있게 느껴질 수 없었습니다.
>
> 나는 자전거가, 외종형의 마음 씀이 고마워서 마지못해 이를 초우재에 데리고 온 중고품이 이런 상황을 연출할 것이라고는 **전혀 상상하지 않았습니다**.
>
> 이후 자주 이 자전거에 내 마음이 머뭅니다.
>
> (.........)
>
> 마당을 비추는 외등을 밤 내내 켜 놓습니다.(강조, 인용자).

물론 그렇게 외등을 켜 놓은 것은 통신 (10)에서 알 수 있는 대로 〈그걸 밤에도 보느라〉 그랬다는 것인데, 그 자전거에 대한 그의 애착이 어느 정도인지 보여주

는 사실이다. 그 스스로 이런 사태를 〈전혀 상상하지 않았〉기에, 그 이유가 어디에 있는지, 여러 가지로 생각해보는데, 그것은 그 의외성을 더욱 돋보이게 한다. 그리고 그 의외성은 심리적으로는 놀라움의 표징이다. 바슐라르는 이런 놀라움을 이를테면 〈미화(美化)하는 심리〉의 단초라고 하는데, 그것의 결정적인 상태는 〈경탄〉이라는 것이다. 그리고 경탄의 이면은 사랑이라고 한다. 그 자전거가 저자에게 불러일으킨 일차적인 느낌이 평화롭든, 여유롭든, 그것은 어떻더라도, 본질적인 것은 그가 밤에도 외등을 켜놓고 그것을 보고 싶어 할 정도로 그것에 애착을 가지게 되었다는 사실이다. 그가 여러 가지로 제시해보는 그 평화와 여유의 느낌의 이유들을 그 자신도 자신 있게 말하지 못하고, 따라서 독자들도 그런가 보다라는 정도로 받아들일 뿐일 것이다. 그러나 자전거에 대한 그의 애정만은!… 내 상상 가운데 그것이 초우재 뜰에 놓여 있는 모습은 이렇게 떠오른다: 그 두 은륜이 입 벌려 빙긋 웃으며 그에게 이렇게 말한다: "선생님, 날 이렇게 거두어주시고 고쳐주셔서 고맙습니다. 선생님 언제든지 잘 태워 드릴께요." 독자들은 어떤가? 저자가 든 이유들은 그렇고 그렇지만, 이런 상상은 확실하지 않은가? 이제 독자들도 생각이 미쳤겠지만, 초우재를 묘사할 때에 인용된 바슐라르의 말에 나오는 〈미의지〉라는 것이 바로 외계에 대한 이 사랑의 적극적인 표현인 것이다.

경탄과 거의 같은 말인 〈영탄〉이라는 표현을 저자 스스로 쓴 대상이 있는데, 〈호롱불〉이 그것이다. 초우재 바깥으로 보이는 숲 속 멀리에 산감(山監)의 초소 같은 움막이 있는데, 거기에서 밤에 밝히는 초소 등의 빛이 여름에는 숲 때문에 보이지 않다가, 저자가 이사 와서 처음 맞는 겨울에 잎들을 버린 나무 가지들 사이로 그것을 발견한다. 하지만 그것도 처음에는 저녁에 초우재에서도 불을 밝히니까 그 창에 나타나는 책들의 반영 가운데 사라져 버리곤 했다.

그런데 내 방의 불을 낮추었더니 호롱불이 되고, 그러자 겨울날 산 속의 그 차단한 불빛이, 가난해진 나에게 말을 걸어오는 것입니다. 그 많은 나목의 숲과 함께요. 그래서 지난 겨울에는 〔…〕 밤마다 거기 빠지곤 했습니다. **많은 날의 많은 시간에 방안의 불을 거의 끄다시피 하고요.**(강조, 인용자).

놀라지 마시라! 초우재에는 그 당시 모기장에 걸맞게끔 기발하게도 기름 램프가 사용되었다! 그렇기에 그는 〈내 방의 불을 낮〔출〕〉 수 있었고, 그리하여 그 램프는 그의 상상 속에서 호롱불이 되었다. 여기서 본질적인 것은, 그것을 호롱불로 만들기 위해 겨우내 〈방안의 불을 거의 끄다시피〉한 그의 〈미의지〉이다. 왜냐하면 그런 연후에야 산감 초소 등의 빛을 비롯하여 그 주위의 풍경이 다정하게, 아름답게 다가 왔기 때문이다. 게다가 램프의 상상적인 변화 자체가 호롱불에 대한 그의 〈미의지〉 때문이고, 한 걸음 더 나아가 호롱불은 그의 어린시절의 추억과, 정지용의 「향수」나 김광균의 「설야(雪夜)」에 대한 독서의 추억 등으로 이미 〈미화〉되어 있다. 추억에 대해서는 조금 뒤에 다시 말하기로 하고, 그는 김광균이 흰 눈빛 때문에 호롱불이 〈여위어〉간다고 한 것을 〈참 절창의 구절〉이라고 하면서, 그 감동은 또 호롱불 자체에 대한 〈영탄〉이라고도 말하는 것이다. 그 호롱불을 통해 그에게 〈말을 걸어〔온〕〉 산감 초소 등의 불빛과 나목의 숲은 무슨 이야기를 해주었을까?…

그리하여, 초우재의 호롱불을 통해 퍼져 나간 그의 미의지 앞에 나타난, 이 아름다운 한 폭의 겨울 밤 풍경화!…

〔…〕잔설(殘雪)이 배광(背光)이 되어 댓잎 위에 어둠이 얹히는 순간이 보입니다.

자연이 제 모습과 분위기를 〔…〕제대로 드러내는 것입니다.

나신(裸身)의 나무들이 서 있는 겨울 산의 음영(陰影)도, 그리고 장독대의 중두리들의 배흘림 곡선과 거기 비친 달빛의 흐름도 다 잡히는 것입니다. 알퐁스 도데의 소설 「별」에서처럼 별의 운행도, 밤의 숨소리도요.

〔………〕

아, 나뭇가지 사이, 또는 잔가지에도 걸려버린 새벽녘 그믐달 운행의 한 순간,-그 실수처럼의 틈도. 어느새 별들이 가까이에서 나보다 먼저 그걸 보고는 서로 눈짓하고 있는 모습들도요

칠흑(漆黑)의 어둠은, 불을 밝히면 보이지 않습니다.

그 어둠 속에서 감나무 잎들은 어둠에 가까운 짙은 녹색으로 두꺼워지고, 잡초들은 그 칠흑 속에서도 바람에 흔들립니다.

초우재 거사가 천생 시인인 것은, 이처럼 그가 외계에서 느끼는, 아니 이 글의 입장에서는 외계에 부여하는 시성이 거의 편재적이기 때문이지만, 물론 그는 그것을 환기하는 시작품들을 시도 때도 없이 시도하기 때문이기도 하다. 아들일 것 같은 〈그애네〉의 이사를 도우러 갔다가, 도움이 필요 없어 그냥 이것저것 뒤지는데, 〈어떤 팜플렛의 뒷표지 여백에〉 〈낙서〉처럼 〈끄적거〔려〕〉 놓은 시작품(「여치가 스치네」)을 발견하고 스스로도 〈의외〉라고 하며 놀란다. 그러나 그는 중고등학교 시절에 선생님이나 상급생이나 친구에게 〈억울함을 당하면 운동장 끝에서 바다를 굽어보며 "나는 시인이 될거란 말이야"라고 외〔친〕〉 사람이 아니었던가?…

그가 자신의 시 독서와 작시 경험, 그리고 물론 문학교수로서의 문학연구에서 얻은 시관(詩觀)을 이 통신문들에서 쉽게 자기 나름으로 풀어놓은 것들도 발견된다. 본질적인 차원에서 시적감동이란 우리 존재 자체를 뒤흔들어 새롭게 각성

시키는 것일 수 있는데, 바슐라르는 이것을 〈울림〉, 〈존재의 전환〉이라고 한다. 저자는 자신의 청소년기의 시골 추억에 깊이 남아 있는 〈아,/밀려오는/해일(海溢)같이/밀물같이/밀려오는//개구리 울음소리〔…〕〉를 〈출렁거〔림〕〉이라는 역동적인 이미지로 묘사한 다음,

> 내 기억의 개구리의 울음소리처럼, 음악도 글도 영화도 연극도 그림, 술, 사랑이, 그리고 당신의 흐뭇한 얘기가 출렁거리게 합니다.

라고 말한다. 역설적으로 이 말에는 시가 빠져 있지만, 여기에 들린 모든 것들이 가장 순수한 차원에서는 시성을 띤다는 것을 말할 필요가 있을까? 그런데 그 출렁거림은 〈최루탄의 연발〉속에서 혁명에 〈뛰어들고 싶〔게〕〉하는 존재의 각성적 변화를 일으킬 수도 있다고 그는 암시한다. 울림이라는 단어의 유음(流音)이 환기하는 것은 바로 출렁거림의 이미지이다.

그리고 이러한 체험은 한결 구체적으로는, 외계에서 시성을 느끼거나 시작품을 읽을 때에 상상력이 그 외계의 이미지나 시작품 속의 이미지〔심상(心象)〕를 떠올리면서 일어난다. 전자의 경우 이미 외계는 무연한 것이 아니라, 상상 가운데 들어온 외계이다. 고물 자전거가 〈나의 아침을 새롭게 열어〉서 나에게 〈새로운 나날들〉을 만들어가게, 즉 나 자신을 쇄신시키게 하는 것은 이 때문이다. 여기에서 상상력이 우리 존재의 근본적인 차원을 이루고 있는 것이라고 상정되는 것이다. 그런데 바슐라르의 독창성은, 상상력이 단순히 외계에서 감각을 통해 받아들인 이미지를 수동적으로 기억하기만 하는 것이 아니라, 그것을 능동적으로 변형시키는 기능이라고 주장한 데에 있다. 그 변형이 능동적인 것이라면, 그것은 상상력이 바라는 것이라는 뜻이고, 따라서 상상력이 좋아하는, 궁극적으로 이상

적인 것으로 여기는 것으로 변화하는 것일 것이다. 즉 그것은 가치 판단을 개입시키는 것이며, 이로써 이미지의 변형으로 나타나는 상상력의 지향은 심미적 지향이 된다. 그리고 이른바 시적 교감이 가능해지는 것은 이 상상력의 지향이 시인과 독자 양쪽에서 같기 때문이다. 이제 앞서 언급된 미의지라는 것은 바로 상상력의 그것임을 알 수 있다.

그러나 작시는 물론 시성을 느낀다고만 해서 쉽게 이루어지는 것은 아니다. 말라르메가 앵그르에게 했다는 유명한 말 대로 〈시작품은 말로 쓰는 것〉이고, 말은 실용적인 의사소통을 위해 규약적으로 만들어진 기호인 만큼 시적인 느낌을 그대로 살려주지는 못한다. 그러니까 시작품에 여러 가지 언어장치들이 필요한 것이다, 그 가운데 가장 널리 사용되는 것이 연상이다. 즉 연상을 통해 최초의 이미지가 상상력이 바라는 이미지로 나아가는 것이다. 위에서 그 제목이 제시된 자신의 작품 「여치가 스치네」를 인용한 저자는 거기에서 연상이 어떻게 이루어져 있는지 이야기한다. 후반부 두 연을 살펴보자:

〔……〕
웬 여치 한 마리가
스치네
시계를 찬 내
팔목에서

겨울 밤
수심에 찬
어머니가
무우 써는

소리
여치가
스치네

그 연상 과정은 이렇다. 문면에 명시적으로 나타나 있지는 않지만, 최초의 이미지는 손목시계의 초침소리(청각적 이미지)이다. 그것이 그에게 여치소리를, 그리고 여치소리가 어린 시절 움막에서 무를 꺼내어 〈우리들 꼬맹이들이 자는 머리맡에서 어머니가 썰던 겨울밤의 정경〉을 연상시켰다는 것이다. 물론 연상이라고만 해도 쉽게 이해되지만, 기실 그 작용에는 수사학의 두 전의(轉義), 은유와 환유의 기반이 되는 유사관계와 이웃관계가 개입되어 있다. 이 경우 시계 소리와 여치 소리는 유사관계에 있고, 여치 소리와 그런 정경은 시골 고향이라는 같은 공간 안에서 이웃관계에 있다, 그런데 여치소리는 명백히 시계소리의 은유가 되어 있지만, 여치소리와 그 정경은 그 어느 하나가 환유로서 확립되어 있지 않다. 이것은 상대적으로 은유보다 환유가 확실치 않다는 것을 말해준다. 예컨대 〈잔〉이 〈술〉을 비유하는 〈한잔 마시자〉에서 용기와 내용물의 관계는 필연적인 이웃관계를 이루지만, 이웃관계는 인위적이거나 특수하게 이루어질 수도 있기에 보편성이 없는 경우도 있어서, 독자가 환유적인 연상을 쉽게 따라가지 못할 수도 있는 것이다. 요즘의 도시 청소년 독자라면, 마지막 연을 금방 전달받지 못할지 모른다…. 어쨌든 시인의 상상력은 자식들을 그토록 사랑하던 어머니의 존재가 중심이 되어 있는, 향수 어린 옛 시골집으로 그렇게 나아가는 것이다….

나는 앞서, 저자가 한 인용이 시와 산문 양쪽에서 각각 20여개에 이른다고 했는데, 특히 시의 경우 저자의 섬세한 교감과 이해는 과연 그의 예민한 시적 감수

성에 걸맞다. 예컨대 유치환의 「춘신(春信)」과 백거이(白居易)의 「연못 가」에 대한 논평을 보라! 특히 많이 인용된 신문학 이후의 우리나라 시작품들은 저자의 애정 어린 시선 밑에서 그 아름다움을 놀라움으로써 느끼게 한다. 그리고 지문에 끼워 넣은 짧은 인용들은 모두 명구(名句)들이어서, 그것들을 음미하는 것만으로도 흥미 있다.

초우재 통신에는 초우재와 저자가 격별히 사랑하는 문학·예술 이야기들만 있는 게 아니다. 허물없이 말할 수 있는 지인에게 쓰는 편지라는 형식은 저자에게 여러 가지 이야기를 생각나는 대로 풀어놓을 수 있는 가능성을 제공한다.

초우재와 문학·예술의 테마 다음으로 큰 테마는 추억이다. 초우재 통신 전체를 통해 추억들이 점철되어 있다. 그런데 추억은 기실 그것 역시, 지금까지 이 소개 평문의 밑바탕이 되어온 심미적 지향, 미의지에 연관되어 있는 것이다. 추억의 아름다움은 너무 값싼 것으로 여겨져, 시인들의 진지한 관심을 받지 않을 가능성이 크지만, 기실 그만큼 상상력의 미의지를 보편적으로 보여줄 수 있는 것이다. 앞서 미의지는 외계에 대한 사랑의 표현이라는 것이 지적되었지만, 과거란 우리들이 필경 사랑하게 되고 마는 법이다. 시간적 거리와 공간적 거리는 아름다움의 중요한 계기들인데, 왜냐하면 그 거리가 대상의 모습을 흐릿하게 하고, 대상의 그 몽롱함이 상상력에 그것을 아름답게 꾸밀 여지를 제공하기 때문이다. 그리하여 좋았던 과거는 더 아름다워지며 그리움의 대상이 되고, 쓰라렸던 과거는 그 쓰라림을 잃어버리며 너그럽고 다사로운 시선을 받는다.

저자가 이야기하는, 낙동강 하구 삼각주에 있었던 시골 고향 마을, 갈대숲들과 그 사이로 흐르는 샛강들, 그 시골 소학교(초등학교)에 다닐 때의 친구들, 자라서 진학한, 부산일 듯싶은 항도의 중고등학교, 산 중턱의 그 학교에서 듣던 이국적인 뱃고동 소리며 갈매기들의 울음소리, 당시의 청소년으로서의 꿈과 그 꿈을 나누었던 친구들, — 그 모든 추억 속의 사물들, 인물들은 상상적인 후광을 두르고 아련히 무지개 빛으로 빛난다…. 소학교를 졸업한 지 50년도 넘는 햇수의 시간이 흐른 후에 만나게 되는 여학생 친구와, 만날 장소를 어느 지하철 역 출구로 약속하고, 그가 알아볼 수 있도록 그녀가 옛날 학교에 다닐 때처럼 한복을 입고 오라고 한다.

> 당신을 그날 밤 당신 집 가까이 데려주러 갔을 때 어느 집에서 들려오던 다듬이 소리가 떠오릅니다.
> 옥양목의 향기로운 빛,
> 간단없던 다듬이질의 절주(節奏),
> 그 속에서 어린 날의 당신을 그리고 나를 떠올리고 싶어서입니다.

그러나 그는 글의 끝에 가서 무심한 듯 쓸쩍 다음과 같이 덧붙인다.

> 이리 얘기하다 보니 갑자기 조심스러워지네요.
> 잘못하면, 서로를 찾지 못할 수도,
> 우리는 만날 수는 있어도
> 그 **애들**을 보지 못할지,
> 아니, **그 애들이**
> **우리가 아닐지…**,
> 그렇네요.(강조, 인용자).

그렇다! 그 애들은 우리가 아니다. 특히 어린 시절의 추억은 그레엄 그린이 말하는 〈잃어버린 유년시절〉과도 같다. 저자의 무심한 듯한 그 말은 어쩌면 허망감의 기미를 감추고 있는 것은 아닌가?… 추억은 언제나 아름다워지지만, 그리하여 옛날의 회한과 슬픔은 가시게 하나, 옛날의 행복과 기쁨은 그것들이 사라지고 없는 지금, 더 아름다워 보이기에 오히려 더 큰 허망감을 불러일으킬 수도 있다.

이 언급은 추억을, 초우재 통신의 또 하나의 두드러지는 테마인 죽음에 이어지게 한다. 왜냐하면 죽은 이와 사라진 것은 추억 속에 아름답게 남아 있는데, 죽음은 죽은 이와 사라진 것과의 행복하던 시간들을 앗아가 가장 큰 허망감을 안겨주기 때문이다. 비록 이 때의 슬픔 자체가 과거가 되면, 그 미래에서는 다시 아름다워진다고 할지라도.

노년의 고교 동기들의 50년만의 모교 방문 모임에서 저자는 많은 〈가신 친구들〉을 확인시키는 환등 영상을 〈넋 잃고 바라보았〔고〕〉, 시인 친구의 〈가버린 것이 모두/ 거기 돌아와 있다/ 그래 거기 남아 있다〉는 시구를 인용하며 이렇게 말한다.

> 허기야 우리들 노안(老顏)에는 목조 건물 속의 그날들이 돌아와 있고 남아 있겠지요. 그러나 그날의 요람, 그 목조건물의 교실들을 잃어버린, 속절없이 잃어버린 우리들의 이 허전함은 달랠 길이 없습니다.

그 허전함이 너무 컸기에, 초우재에 돌아와, 기세를 잃은 여름이라 치우려고 생각했던 모기장을, 〈그 속에라도 포근히 안기고 싶어서〉 그대로 두고 잠자리에 들어, 남쪽 바다 먼 수평선을 그리고 그 위에 가물거리는 옛 추억의 세계를 올려놓고 다시 헤맸다는 것이다….

그가 특히 사랑했던 몇몇 친구들의 개별적인 죽음 이야기가 나온다. 같은 대학에서 함께 공부하고 같은 대학에서 직장 동료로 일했던, 제자들 앞에서 〈그 일

주기(一周忌)를 얘기하면서 추모시를 읽다가 그만 내가 울먹거〔리고〕〉 만 친구 석구 선생, 〈그와 사별하면 그에게 대한 그리움이 이리 짙을 줄〉 몰랐다는 안 신부, 고향 유택에 〈안온하게 편안하게 거기 당신이 있었는데, 우리는 들판의 바람 속에서, 부소산에서, 백마강에서, 또 모래사장에서 당신을 찾아 헤맸〔다〕〉는 이름이 나타나 있지 않은 친구, 그 〈상청(喪廳)에서 나는 눈물을 흘〔리고〕〉, 〈그가 한 줌의 흙으로 돌아가는 어제, 나는 방향감각을 잃은 새처럼 헤매〔다가〕〉 화장장(火葬場)을 잘못 찾아 최후의 순간을 놓쳤다는 연극인 친구 설영, 등. 특히 무척 시적인 인물일 것 같은 설영의 경우에는, 그가 그의 죽음을 이야기하는 때가 바로 장례일 다음 날인데도, 그의 슬픔은 이미 아련히 빛난다….

> 우거(寓居) 초우재는, 雪嶺이 한두 번 머물렀던 시골 같은 산자락의 집입니다. 겨울의 나목들이 연필화 같습니다. 오늘은 거기 눈이 내립니다. 젊은 날의 그는 雪影이라고도 자기 이름을 쓰곤 했지요. 눈의 그림자, 그러고 보니 저기 댓잎에 자욱한 눈들에게서 그것을 얼핏 느끼는 것 같네요. 내가 그날 놓친 '하얀 연기', 그 영혼을요.

그것은 어쨌든, 여기서 그가 영혼이라는 말을 입에 올린 것에 속지 말아야 한다. 그것은 그의 슬픔을, 그의 허망감을 그야말로 아름답게 덮으려는 노력에 지나지 않는다. 왜냐하면 그는 이미 〈내 영혼은 이승에서 끝난다는 생각에서 오는 허무함〉 뿐만 아니라 〈이 영혼이 저승으로까지 이어진다고 다들(?) 말하는데 그것을 깨닫지 못하는 내 생각의 답답함〉에서 두려움을 느낀다고 말한 바 있기 때문이다. 스스로의 영혼을 발견했다고 생각하는 순간, 그것은 필경 곧 〈낯설어〉 보인다고 한다.

창 너머
숲을 내내
보고 있으면

숲은
멀어지면서
내가
보인다.

창 속의
나를
바라고 있으면

나는
사라지고
내 영혼이
다가온다.

내 영혼의
창에
내내
빠져 있으면

너는

내가 아닌
남의
모습,

나는
너에게
닿지
않는다.

숲을 본다
숲만
본다.

「숲 1」이라는 이 자작시편은 저자 자신의 너무나 상세한 해명이 뒤딸려 있는데, 죽음 후에도 영원히 살아 있을 영혼의 실체를 그가 어쩔 수 없이 믿지 못함을 보여준다. 죽음과 영혼이란 인류의 영원한 형이상학적 문제이니, 그가 해결할 수 있는 문제가 아니다. 의문을 제기하는, 아니 드러내는 것만으로도 만족해야 하리라.

기실 영혼의 존재 문제보다는 가치 문제는 좀 더 쉽게 자각될 수 있는 영역일지 모른다. 특히 윤리적인 가치판단은 우리들이 살아가면서 계속 내려야 하는 결정들의 토대이고, 설사 그 결정들의 어떤 것들이 그 가치판단에 따르지 않은 것일지라도, 우리들 내면에서는 그것들이 잘못된 것이라는 의식이 뚜렷할 것이기 때문이다. 그리하여 루소는 윤리적인 가치판단의 토대인 양심의 확실성에서 영혼과 죽음을 설명할 수 있는 신의 존재로 나아갔던 것이다.

손을 씻어도
씻어도
개운치 않는
이런 시대에
이런 세상에

손이 있어
부끄럽구나.
(「손을 씻어도」)

라거나

우리들 삶의 종언
그 명목(瞑目)이 어둑해 올수록
오롯한 별빛의 찬연한
맑음, 그 맑음의 첫머리에
오늘 아침, 나는
스스로와라, 스스로와라.

라는 윤리적 성찰을 가능케 하는 가치판단을 갖추고 있다면, 영혼이 영원하든 사라지든 어떻겠는가? 서양인들이야 신을 앞에 두지 않고는, 따라서 죽음과 영혼의 문제를 제쳐놓고는 사유하지 못하지만, 동양에서는 신 없이도 백이(伯夷)·숙제(叔齊)도 있고, 사육신·생육신도 있지 않은가? 저 광활한 허무 가운데서 스스로 옳고 그름을 외칠 수 있다면, 그것이 더 장엄하지 않으랴?… 어쨌든 이 두 시편이 저자가 노년의 건강이상이 두려워 병원의 건강검진을 받은 에피소드를 이야기하는 통신문에 실려 있다는 사실을 덧붙이기로 하자.

윤리적 성찰로 이야기가 빗나가면서, 이제 마지막 테마에 이른다(이 테마가 윤리적 성찰과 직접적인 관계가 있다는 말은 아니다). 그것은 심미적 지향이라는 전망 가운데 내가 그리는 초우재 거사의 초상화에서 그 통일성과 관계없이 살펴보아야 할 그의 어떤 측면이다.

초우재에 이르려면 상당히 가파른 언덕길을 올라가야 하는 모양인데, 이것이 짐을 싣고 오는 작은 차나 오토바이에게는 문제가 된다. 고향에서 부친 쌀 열 포대를 싣고 온 택배 자동차 기사, 컴퓨터 프린터를 A.S로 수선 받을 때에 그것을 센터에 가지고 갔다가 가지고 온 오토바이 기사, 세탁기를 A.S로 수선 받을 때에 고쳐주고 간 수선기사에 대한 이야기는 독자들에게 빙그레 미소를 띠게 한다. 저자는 너무 고생한 택배 기사에게 고마움을 표하려고 지갑을 열어보니 텅텅 비어 있어서, 고향 친구가 보내준 것으로서 남아 있던 단감 네 개를 건네준다. 그는 이 빈약한 감사 표시가 마음에 걸린 것이다. 그래 택배 회사를 통해 그의 휴대폰 번호를 알아, 이삼일 동안 통화를 시도하다가 마침내 통화하기에 이른다…. 그는 그의 집을 찾아오는 그 택배 기사가 목소리에서부터 〈요새의 세상에〉 〈참 의외이고 예외인〉 〈순한 사람〉의 느낌을 주었다고 하는데, 그 자신이야 말로 오늘날 우리 사회에서 예외적인 사람이 아닌가? 통화가 이루어지고 그가 자신이 〈달랑〉 〈감 네 개만〉으로 그 고생에 갚음을 하려고 한 사람이라고 했을 때, 상대방은 〈왜 그런가 해서인지 내 말에 대한 대꾸가 멈칫했〔다〕〉고 하는데, 그것이야말로 그 상황의 의외성을 드러내는 것이다. 기실 택배 기사나, 컴퓨터 프린터를 운반한 오토바이 기사나, 모두 필경 저자의 도움을 받아 임무를 완수할 수 있었음을 생각하면, 그 의외성은 더욱 커진다…. 택배 기사 이외의 두 사람도 다른 면으로서이긴 하나 모두 그의 눈에는 **선한** 사람들로 보인다.

다른 통신문에서는 초우재로 구걸하러 오곤 하던 젊은이 이야기가 나온다. 오래간만에 나타난 그를 한심한 생각에 호통을 쳐 돌려보냈는데, 〈그런데 내 목소리가 빈 소리로 느껴지면서 그 친구의 눈길이 돌아서는 나에게 자꾸 밟〔혔다〕〉는 것이다. 그래 언덕 아래로 내려가는 그를 뒤쫓아 가서 돈을 쥐어준다. 〈이때에도 나는 그의 눈길이 내 마음에 담겨 옴을〉 느낀다. 이전에는 〈그냥 구걸하는 약한 자의 눈〉이었던 것이, 그날은 〈잔잔한 호수〉가 되어 있다. 자기 스스로 〈가을 환시(幻視)에 허덕〔인다〕〉고 하면서도, 〈그 젊은이의, 가을 햇살에 조용했던 **선하디 선한** 눈길을 보았다고〉(강조, 인용자) 생각한다. 필경 그의 눈에는 선하지 않은 사람이 없는 것 같다. 모든 통신문들을 통해 그의 비난이나 비판의 대상이 된 사람은, 내 기억이 정확하다면, 한 사람도 없다!…

이상의 이야기는 기실 그 자신이 사람들을 선하게 보는, 적어도 선하게 보려고 애쓰는, ―따라서 자기 자신도 선한, 적어도 선하려고 애쓰는 사람이라는 것을 말해주는 게 아니겠는가? 왜냐하면, 위의 에피소드들에 나오는 사람들은 사실 선한 사람들일 것 같지만, 물론 모든 사람들이 그들과 같을 리도 없고, 기실 모든 인간은 〈인간의 위대함과 비참〉을 말한 파스칼의 인간학이 옳다면, 선하기도, 악하기도 할 것이기 때문이다. 이 문맥에 딱 맞는 것은 아니지만, 그 자신 다음과 같이 말한 적이 있다. 앞서 언급된, 석구 선생을 제자들과 추모한 자리에서 그는, 사후에 존경의 염으로 애도할 수 있는 석구 선생 같은 분을 가지고 있는 우리들은 행복하지만, 대개 사람들은 그렇게 고매하지 않다면서 이렇게 말했던 것이다.

존경하려고 애써야 한〔다〕.

살기에 바쁘고 지친 사람이 감추려했으나 밝은 우리들 눈치에 얼핏얼핏 드러내는 그분의 흠집을 들추려하지 말고 어느 한 면 우리가 아직 갖고 있지 못한 어떤 존경할 만한 '어른스러움'이 있으면 놓치지 말고 '존경하려' 애써 보〔아야 한다〕.

이와 같은 그의 측면을 나는 그의 심미적 지향의 전망에서 그 통일성과 관계없이 살펴보겠다고 말했는데, 왜냐하면 그 측면과 심미적 지향의 통일을 긍정하거나 부정하기 위해서는 미추(美醜)와 선악(善惡)이 결부될 수 있는가를 논해야 하고, 그것은 내 능력을 벗어나는 것이기 때문이다. 다만 철학자들은 가치판단의 두 영역을 이루는 미추와 선악의 두 짝이 각각 감성과 행위에서 나란히 마주하고 있다고 하므로, 각각의 짝에서 긍정적인 가치판단을 받는 미와 선이 상동적(相同的) 관계(homologie)에 있다는 것을 말해 두기로 하자.

어쨌든 석구 선생의 후광에서 빼내어져 독립적으로 인용됨으로써 그 진부함을 그대로 드러내고 있는 위의 말은, 위의 에피소드들이 그 진정성을 보증하고 있다. 초우재 거사는 사방에서 아름다움을 만드는 것에 못지않게 사방에서 선함을 찾는 것이다.

이상으로 초우재 거사의 초상을 거칠게나마 그려본 셈인데, 그의 제자들이 그를 두고 〈이 시대의 마지막 로맨티스트〉라고 한 규정에 대체적으로 맞는다고 생각하는 독자들도 있을 것이다. 나로서는 이 책을 읽으면서, 자신의 시적 재능에 걸맞는 야심도 멀리하고 주위 사람들을 사랑하고 그들에게 사랑 받으며 좋아하는 문학·예술을 섭렵하는 데에서 낙을 찾는, 그러면서도 시흥에 겨우면 남들이 읽어줄 것을 바라지도 않으면서 일필휘지로 시를 써 내리는, 탈속한 옛 선비 같은 이미지를 떠올린다…. 그의 자족감을 탓할 사람들도 있겠지만, 어떤 면에서는 그 깨끗한 자족감 때문에 그는 훌륭한 문학교수일 수 있지 않았겠는가?…

초우재 통신 ❷
지난지난 세기의 표정으로

초판 1쇄 발행 2017년 3월 20일

지은이 김창진
펴낸이 김정일
펴낸곳 (학)신구학원신구문화사

등록 1968. 6. 10. 제1-205호
주소 경기도 성남시 중원구 광명로 377 우촌학사 1층
전화 031-741-3055~6
팩스 031-741-3054
이메일 shingupub@naver.com
홈페이지 www.shingubook.com

* 지은이와 협의에 따라 인지는 생략합니다.
* 값은 뒤표지에 있습니다.